ZHI JING
智晶

张黎东 张黎娜 梁发彪 ●编著

山西出版集团
山西教育出版社

图书在版编目(CIP)数据

智晶/张黎东,张黎娜,梁发彪著.—太原:山西教育出版社,2011.4
ISBN 978-7-5440-4717-3

Ⅰ.①智… Ⅱ.①张…②张…③梁… Ⅲ.①智力游戏 Ⅳ.①G898.2

中国版本图书馆 CIP 数据核字(2011)第 025194 号

智 晶

责任编辑	康 健
复 审	李 飞
终 审	刘立平
装帧设计	薛 菲 李 珍
印装监制	贾永胜

出版发行　山西出版集团·山西教育出版社
　　　　　(太原市水西门街馒头巷7号　电话:4035711　邮编:030002)
印　　装　太原红星印刷厂
开　　本　890×1240　1/32
印　　张　7.375
字　　数　151 千字
版　　次　2011 年 4 月第 1 版　2011 年 4 月山西第 1 次印刷
印　　数　1—5000 册
书　　号　ISBN 978-7-5440-4717-3
定　　价　19.00 元

如发现印装质量问题,影响阅读,请与印刷厂联系调换。电话:0351-6267797

CONTENTS

目 录

致读者	
智晶简介	
智晶连线	1
找对应棱（1~8题）	3
连数字（1~8题）	6
找对应格（1~8题）	10
连字母（1~8题）	19
智晶骰子	29
数形骰子（1~8题）	31
点形骰子（1~8题）	35
智晶扫雷	39
知雷标数（1~8题）	41
知数标雷（1~8题）	51

智晶数独	61
解题举例	63
初级技巧	70
初级谜题（1~12题）	72
中级技巧	84
中级谜题（13~32题）	
	86
高级技巧	106
高级谜题（33~52题）	
	114
顶级技巧	134
顶级谜题（53~64题）	
	142
答案	154
智晶面	207

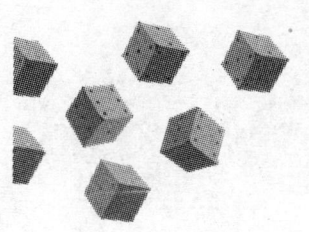

1

致读者

自信的人： 书中每一题都是对你的逻辑能力和空间想象能力的挑战。难，但你征服了，那就享受逻辑的美与成功的喜悦吧！

不自信的人： 这是培养自信心的一本书。

①这题看起来太难了，肯定不适合我；我是女生，所以我不做；我是男生，所以我不做；我数学不好，不适合我；我的逻辑性差，不适合我……理由无数，实质就是对自己缺乏信心。

②为什么不试一下呢？该书循序渐进，由易到难，我坚持去做做看，咦，原来看起来难的题我也会做啊。

③题越来越复杂了，这题我该怎么做呢？噢，这里还有解题技巧，我用用试试看，啊，原来掌握了技巧做题很容易嘛。

④回头看这本书，哼哼，看起来难的东东其实很简单，我也能把握，以后不许说我笨，这本《智晶》我都会做！！！

家长： 这是另一类励志的书。促使孩子对事物拥有新的认识：世上困难的事，其实自己都可以把握。循序渐进，坚持，掌握方法——如此而已。你只需要有一个信念：我的孩子其实是非常优秀的！

成年人：工作之余，暂时忘掉一切，进入智晶世界，去休闲，去娱乐，去体味心灵的平静，去获得意外的放松，去沉淀生活的得失吧。

打酱油的：谢谢围观！欢迎到 www.jingor.com 去打酱油，那里的酱油味醇鲜美，酱香扑鼻，是生活的一款好佐料。

智晶简介

智晶游戏是一种平面益智游戏，可作为奥数题目，可作为兴趣爱好，可挑战智力，可休闲娱乐。

智晶游戏是基于智晶面而产生的游戏，所谓智晶面就是一个立方体的平面展开图，立方体的每一面由九宫格构成。智晶面有 11 种基本形状，书后列出，可剪下，大家可在做游戏的过程中参考。把这 11 种基本形状做左旋、右旋、反转等变化，可有 64 种图形。本书循序渐进地介绍了智晶连线、智晶骰子、智晶扫雷、智晶数独等 4 大类 9 小类游戏。

智晶游戏的有趣之处就在于立体空间想象和数字推敲的过程以及解答出来后无以伦比的成就感。智晶游戏规则简单，变化无穷，容易上手，人人皆宜，运用立体空间想象和逻辑推理能力就可以完成游戏的解答。

拿智晶游戏当题目给学生练习，可以帮助他们开发脑细胞，促进脑部发育，能培养意志力、聚焦力、拆谜力、顿悟力，提高空间形象思维和逻辑推理能力，是开启数学之门的一把钥匙；对成年人而言，智晶游戏可以训练他们的形象思维、判断力和反应能力，并由此提高对事物的分析和解决能力以及全面思考问题的能力，并且也不失为一种缓解工作压力的好方式。

在智晶游戏的过程中，随着对智晶游戏的越来越钟情，使用的技巧和空间思维范型运用会越来越娴熟，但填置的乐趣始终不会减退。每个人都有自己的做法和思路，但殊途同归，不会因知识基础的不同而减损其求解的乐趣。就让我们一起去探寻这奇妙无穷的智晶世界吧！

为了使本书阅读起来方便，在此讲述一些术语：

面：就是立方体的面，共有 6 个面，在智晶面中表现为九宫格，一般用粗黑线框起来。

棱：就是立方体的棱，共有 12 条棱，在智晶面中一般用粗黑线表示。因为平面展开的缘故，可能两条粗黑线表示的是同一条棱。

对应棱：如果智晶面上的不同的边表示的是立方体中的同一条棱，则这两条边互为对应棱或同一棱。

顶点：就是立方体的顶点，共有 8 个顶点，在智晶面中表现为两条棱的交点。因为平面展开的缘故，可能两个或三个交点表示的是同一个顶点。

格子：九宫格的小格称为格子，智晶面共有 54 个格子。

角格：每一面的九宫格中，4 个角的格子称为角格。每一面九宫格有 4 个角格。

中格：每一面的九宫格中，正中的格子称为中格。每一面九宫格有 1 个中格。

边格：每一面的九宫格中，除去角格和中格的格子，也就是靠棱中间的格子，称为边格。每一面九宫格有 4 个边格。

相邻面：如果两个面有一条共同棱，则这两个面互为相邻面。每个面共有4个相邻面。

相对面：如果两个面没有共同棱，则这两个面互为相对面。每个面只有1个相对面。

同一顶点的格子：如果两个格子有共同顶点，则这两个格子互为同一顶点的格子，每一顶点共有3个同一顶点的格子，而且全为角格。

对应格：如果两个格子共有同一条棱，这两个格子互为对应格。1个角格有2个对应格，实际也就是同一顶点的格子；1个边格有1个对应格，其对应格也为边格，而且是靠同一棱中间的格子。

同一面的格子：也就是九宫格的格子，同一面的格子有9个。特别指出，在智晶数独中，中格不使用，则同一面的格子数为8个。

同一棱的格子：指与某条棱或棱的两个顶点相接的格子，与棱相接的边格有2个，棱的一个顶点有3个同一顶点的格子，则同一棱的格子有8个，包括2个边格、6个角格。

查看《智晶》更多信息请登录www.jingor.com。

智晶

连线

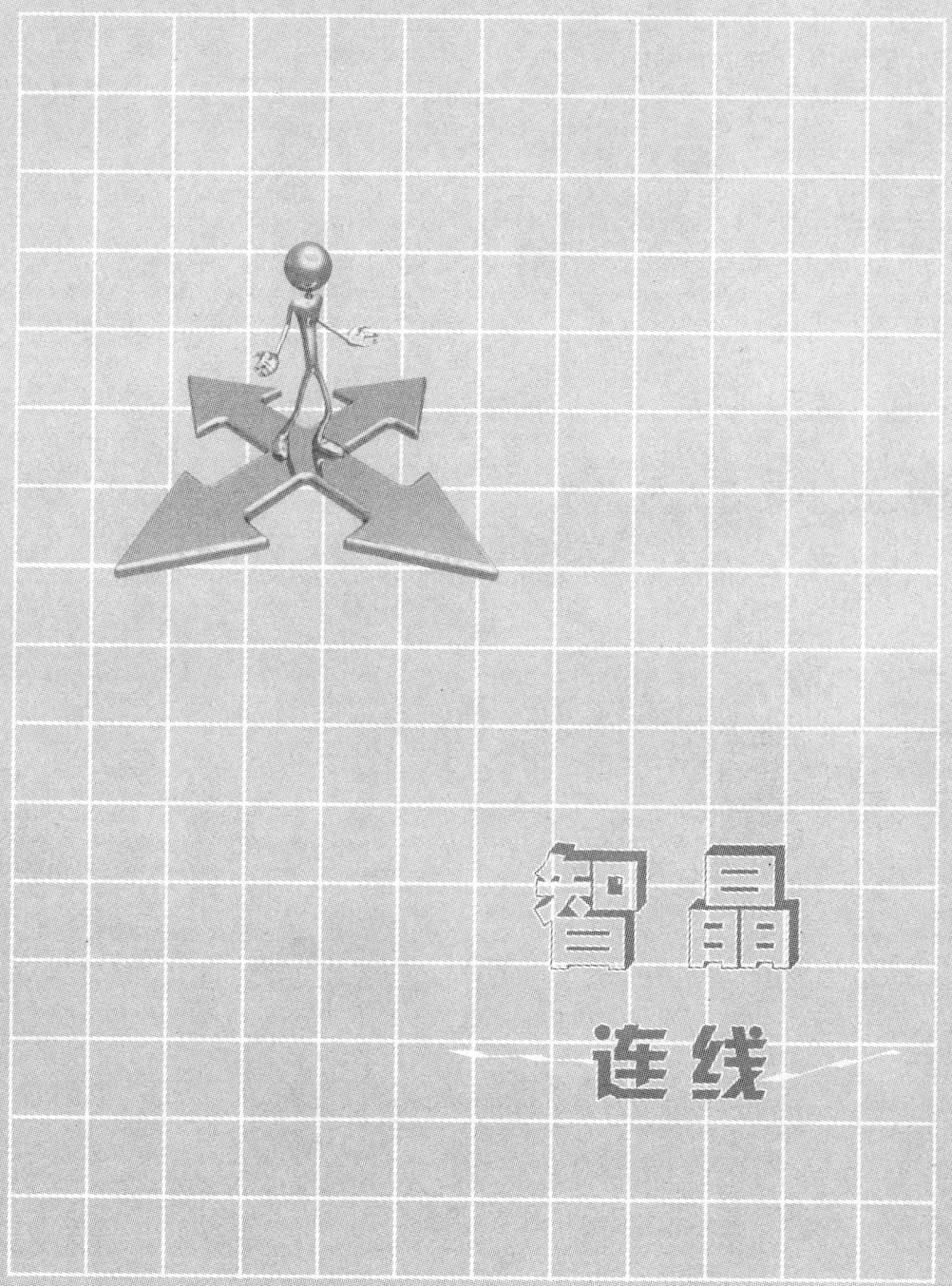

找对应棱

规则：用连线把图中虚线棱的对应棱标出来。

例：

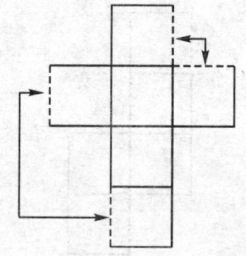

上图为立方体平面展开图，用线连起来的两条虚线棱在立方体中表示的是同一条棱，也就是互为对应棱。

第1题：

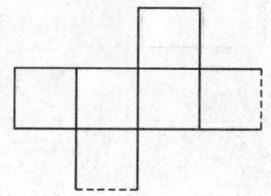

第 2 题：

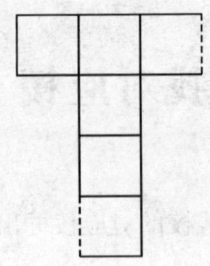

第 3 题：

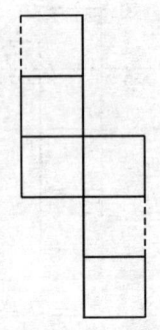

第 4 题：

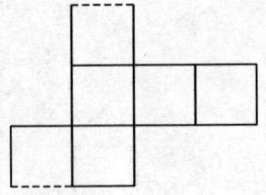

第 5 题:

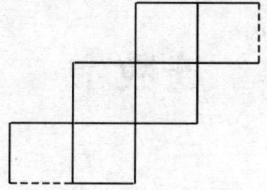

第 6 题:

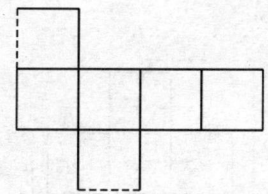

第 7 题:

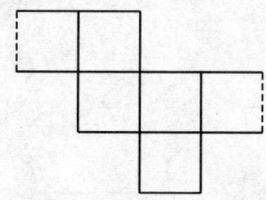

第 8 题:

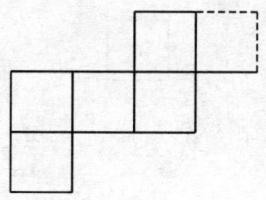

连数字

规则：用连线把数字 1~6 顺次从其共有棱上连起来。

例：

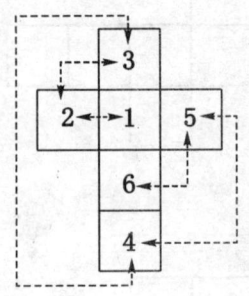

第 1 题：

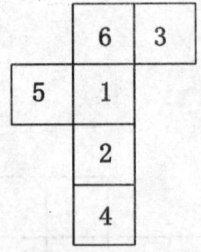

第 2 题：

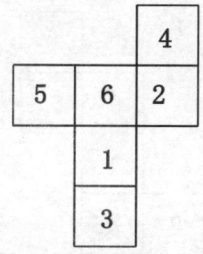

第 3 题：

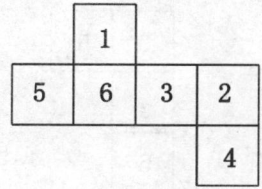

第 4 题：

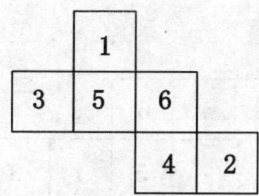

第 5 题:

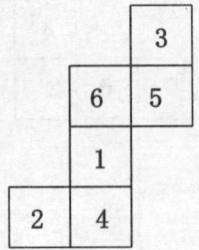

第 6 题:

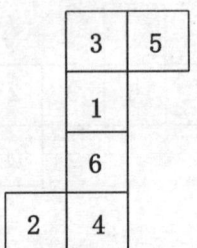

第 7 题:

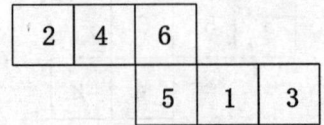

第 8 题：

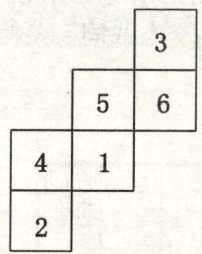

找对应格

规则：把图中条纹格的对应格用相应条纹标示出来，并用连线把同一顶点的不同的交点或同一条棱的不同边标示出来。

例：

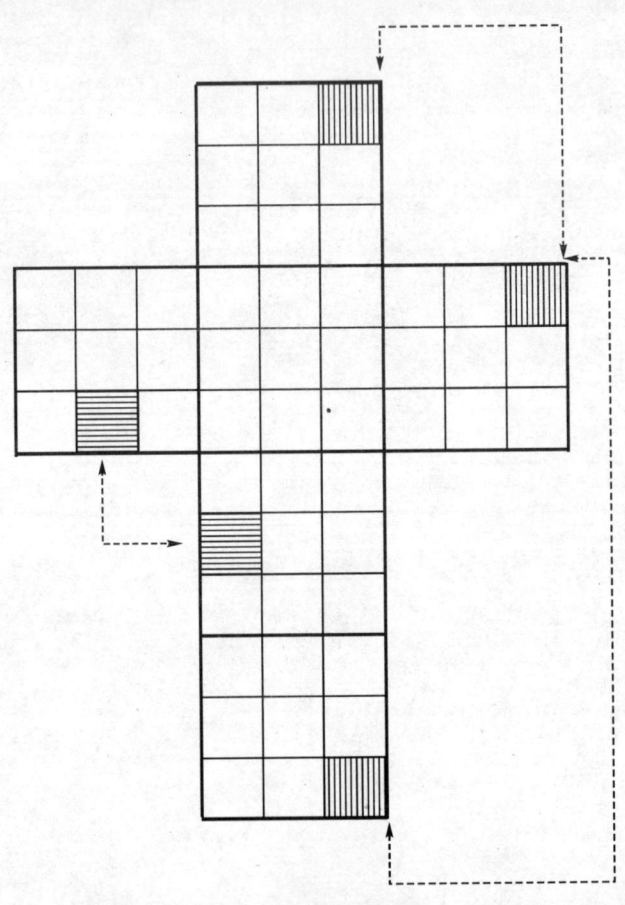

上图为智晶图，三个垂直条纹角格对应同一顶点，互为对应格，并用连线把表示该同一顶点的不同交点标示出来；两个水平条纹边格对应同一条棱，互为对应格，并用连线把表示该同一条棱的不同边标示出来。

第1题：

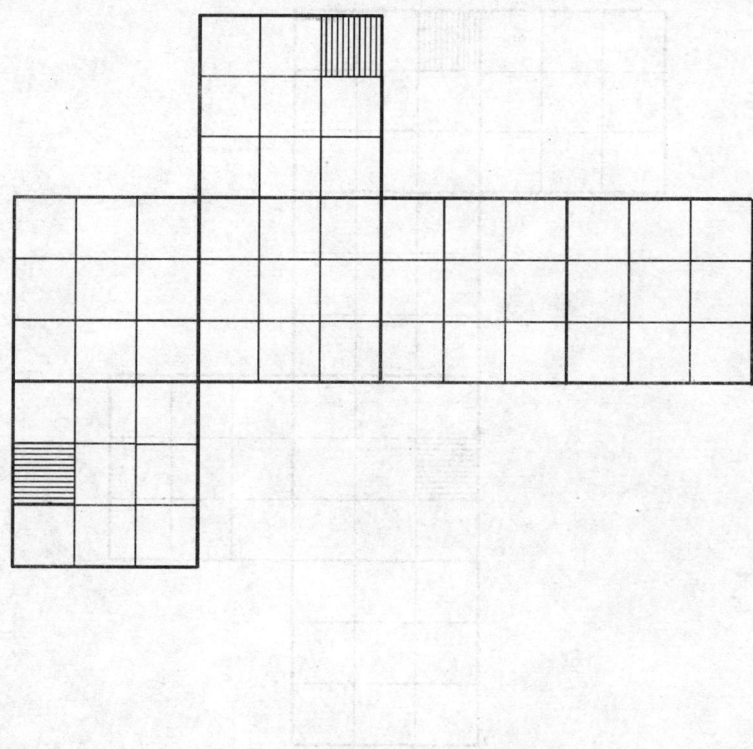

第 2 题：

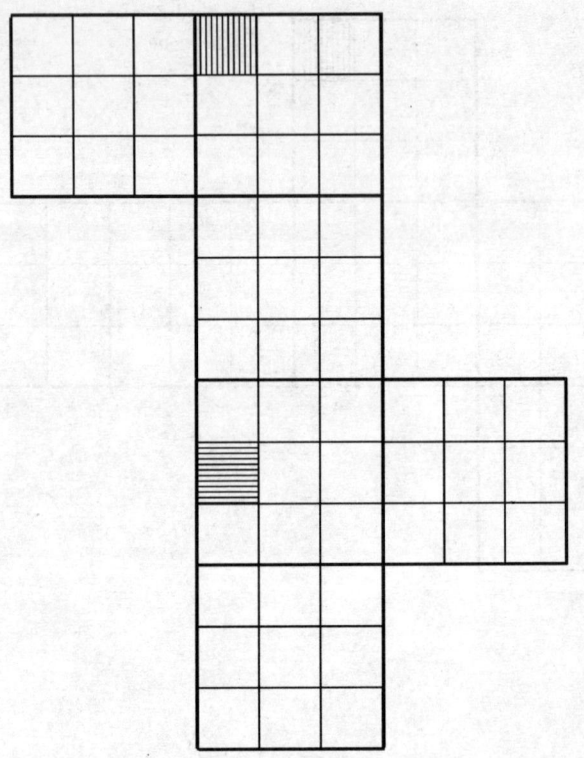

第3题:

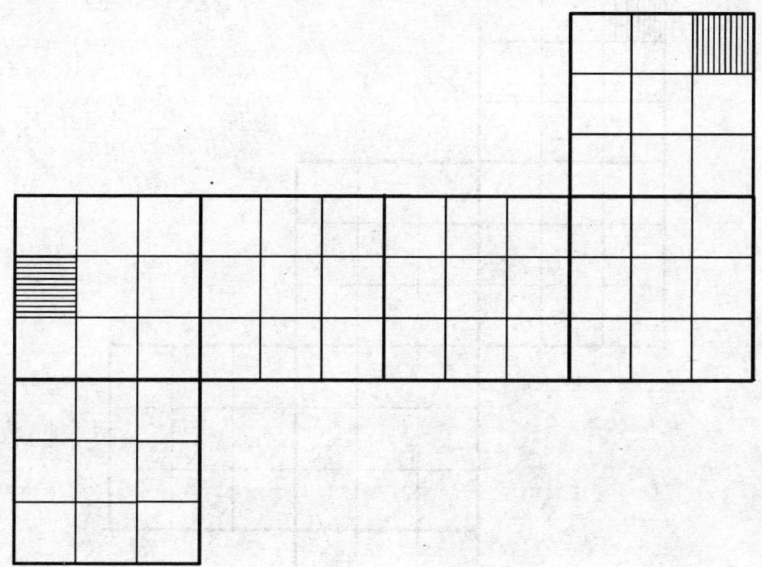

第4题：

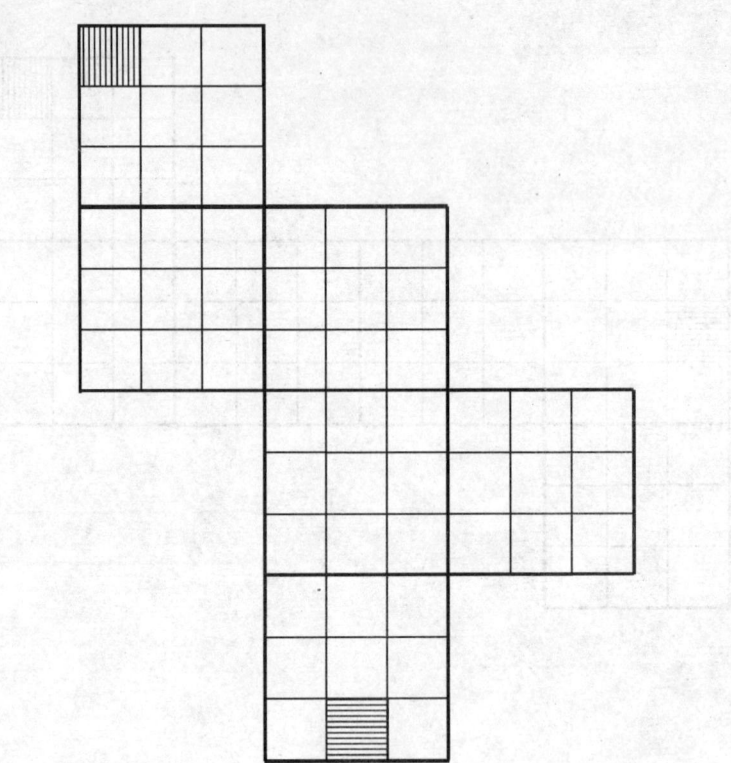

第 5 题：

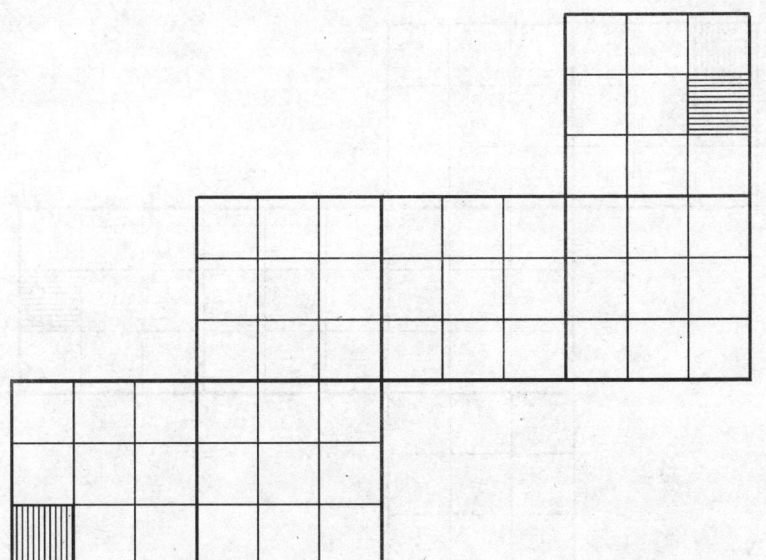

第 6 题：

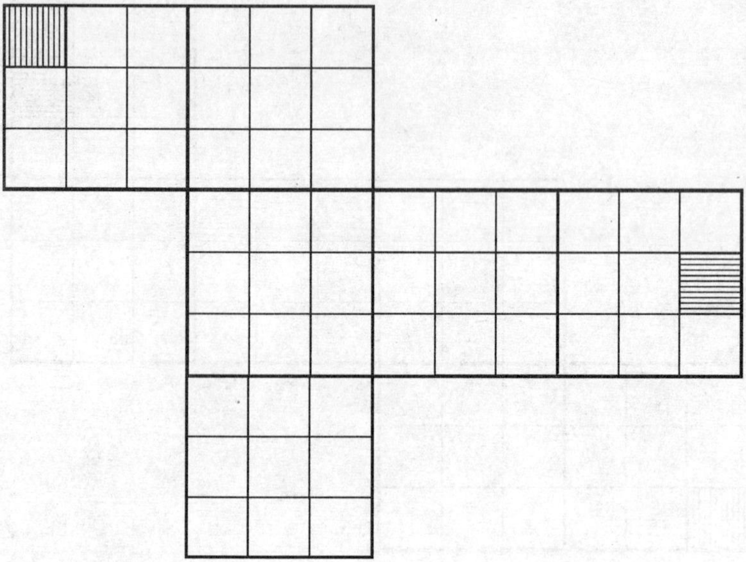

第7题：

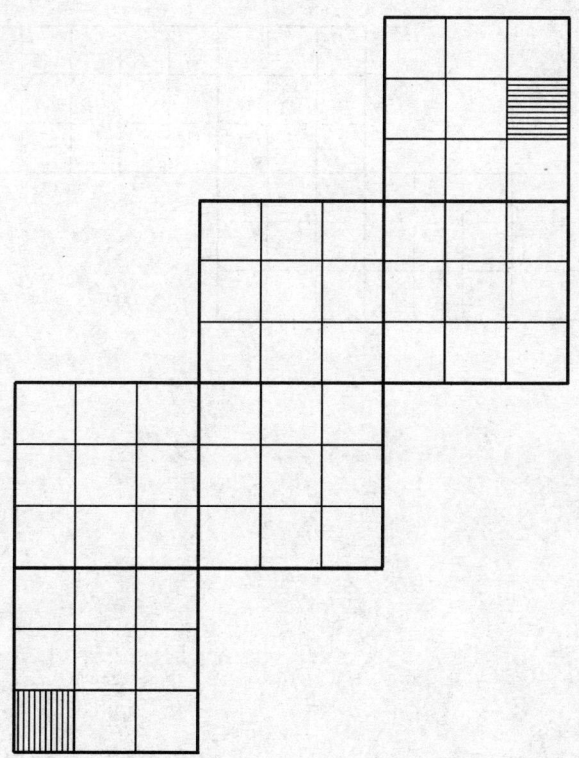

第8题：

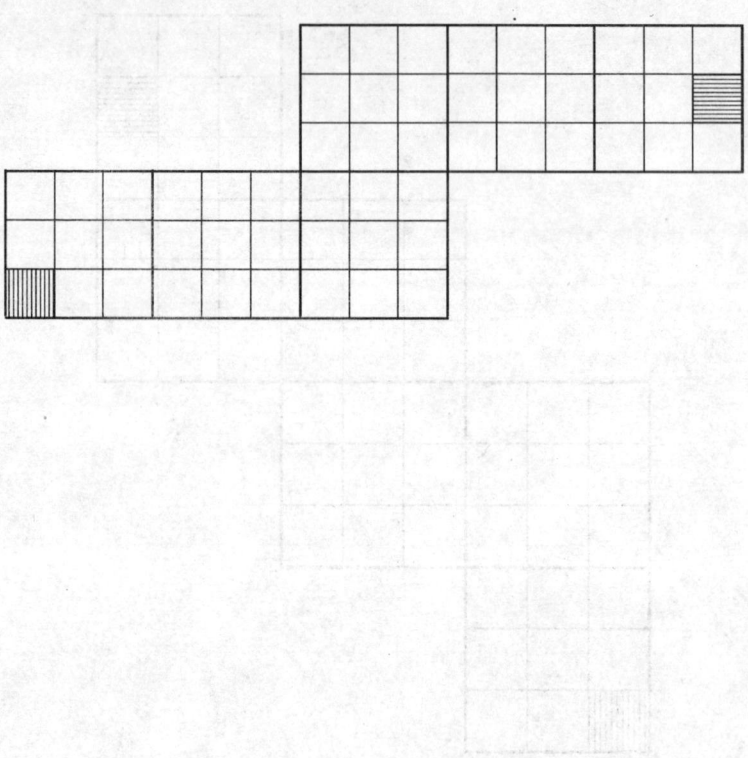

连字母

规则：用连线把字母顺次从其共同棱上连起来。

例：

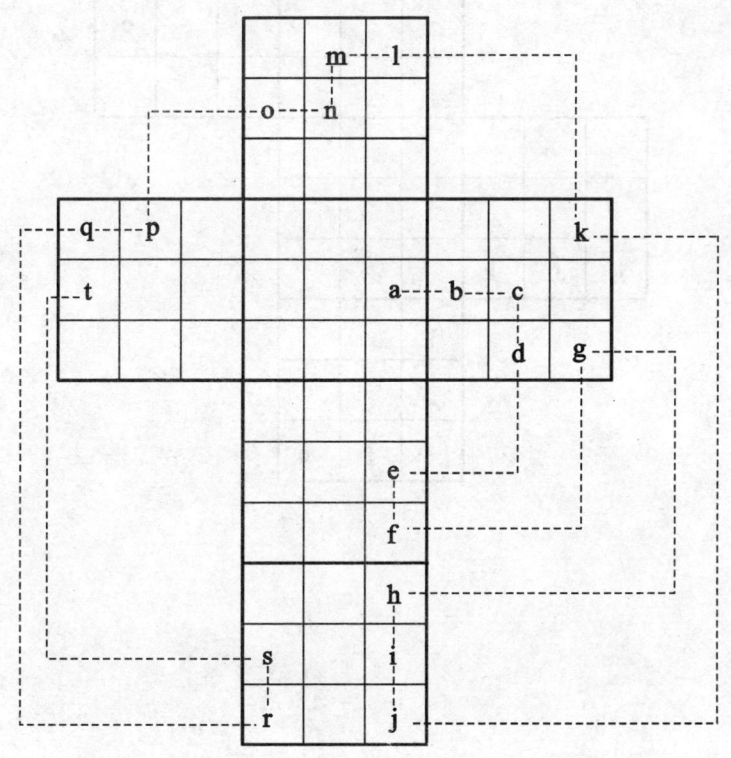

第1题：

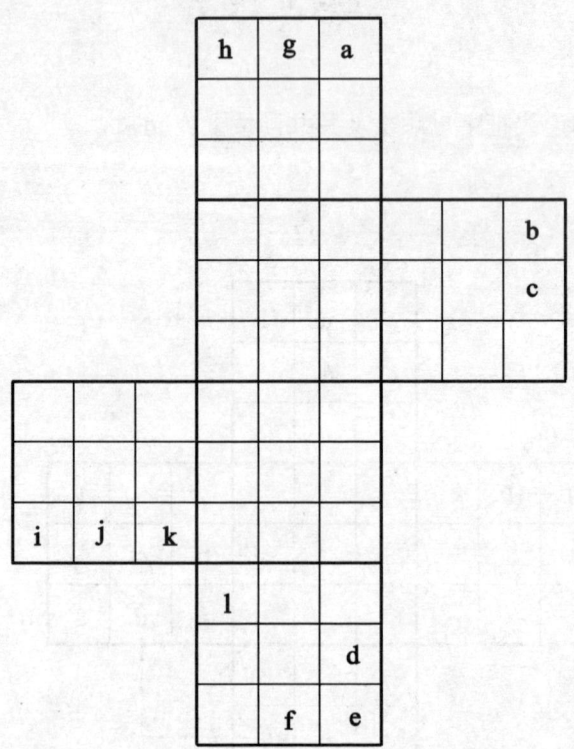

第2题：

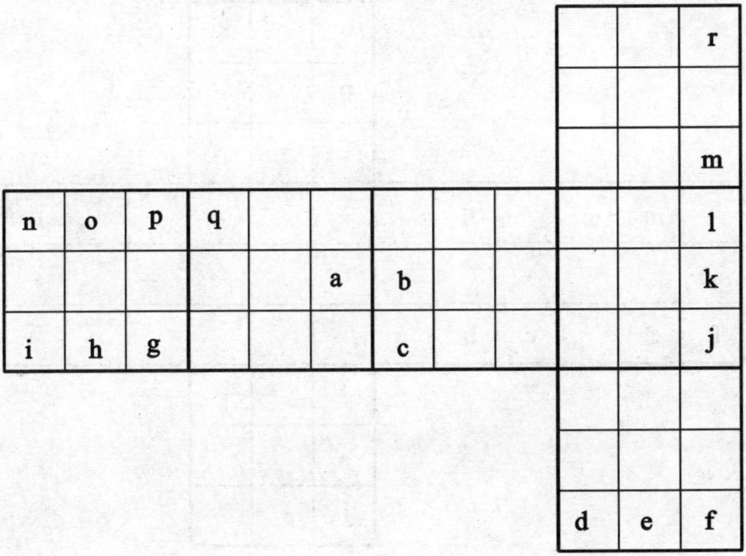

									r
									m
n	o	p	q						l
				a	b				k
i	h	g			c				j
							d	e	f

第3题：

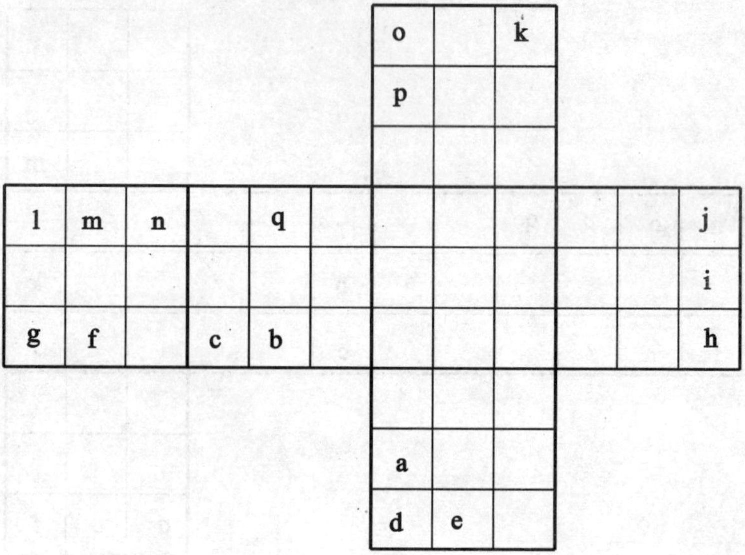

第4题：

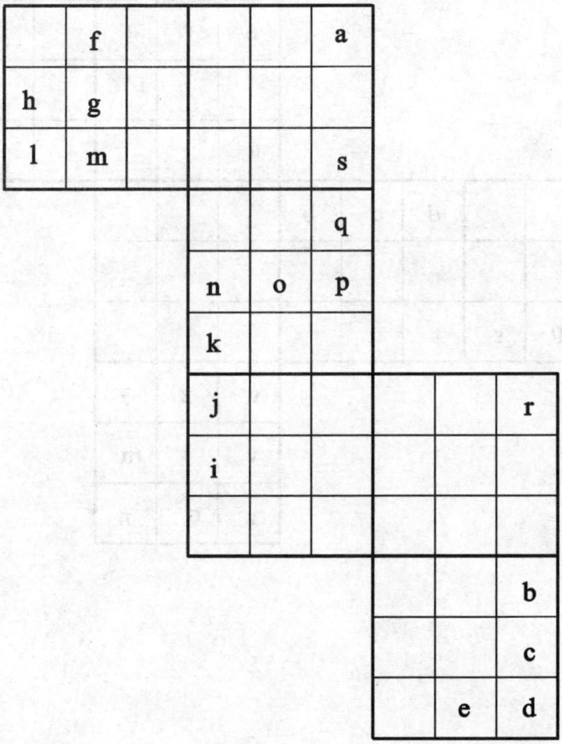

	f				a
h	g				
l	m				s
					q
		n	o	p	
		k			
		j					r
		i					
							b
							c
						e	d

第 5 题：

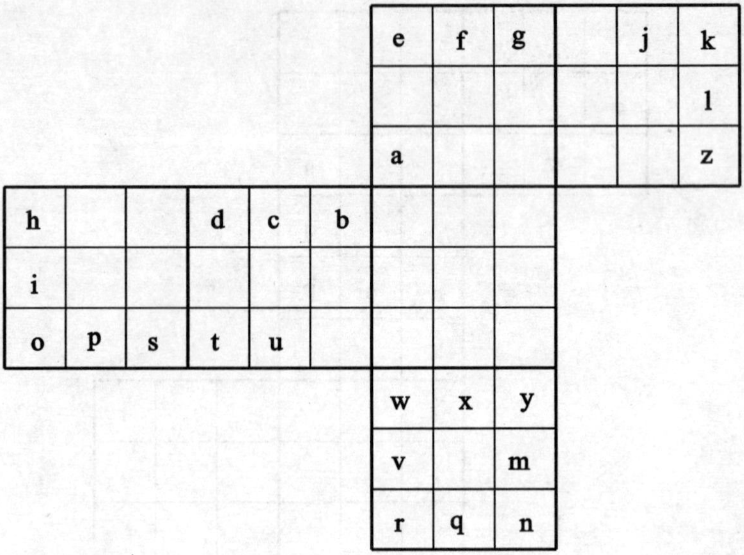

				e	f	g		j	k
									l
				a					z
h			d	c	b				
i									
o	p	s	t	u					
				w	x	y			
				v		m			
				r	q	n			

第6题：

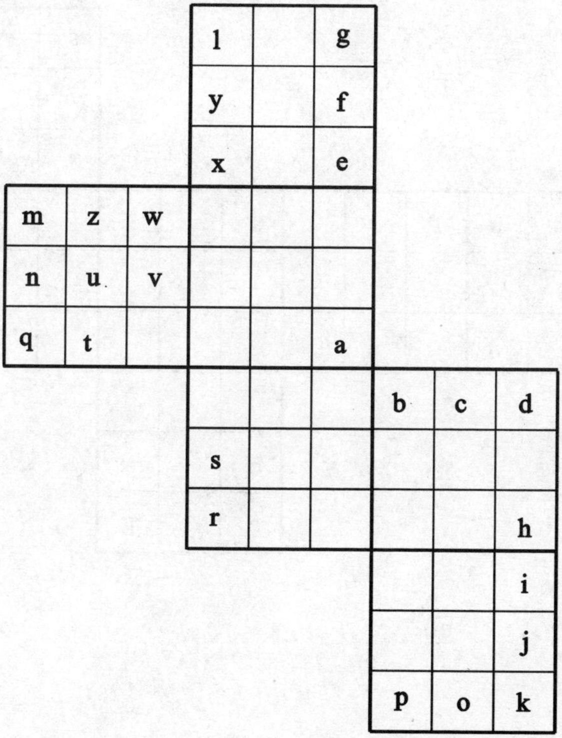

			l		g			
			y		f			
			x		e			
m	z	w						
n	u	v						
q	t				a			
						b	c	d
			s					
			r					h
								i
								j
						p	o	k

第 7 题：

					s	r	q
					w		m
					x		l
k	n	o	p		t	u	v	y	z	
j										i
f	e	d		a						h
					b		
					c		g

第 8 题:

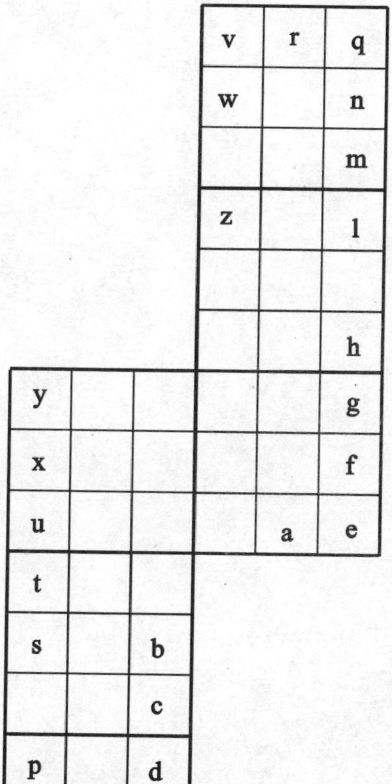

			v	r	q
			w		n
					m
			z		l
					h
y					g
x					f
u				a	e
t		
s		b
		c
p		d
o		
k	j	i

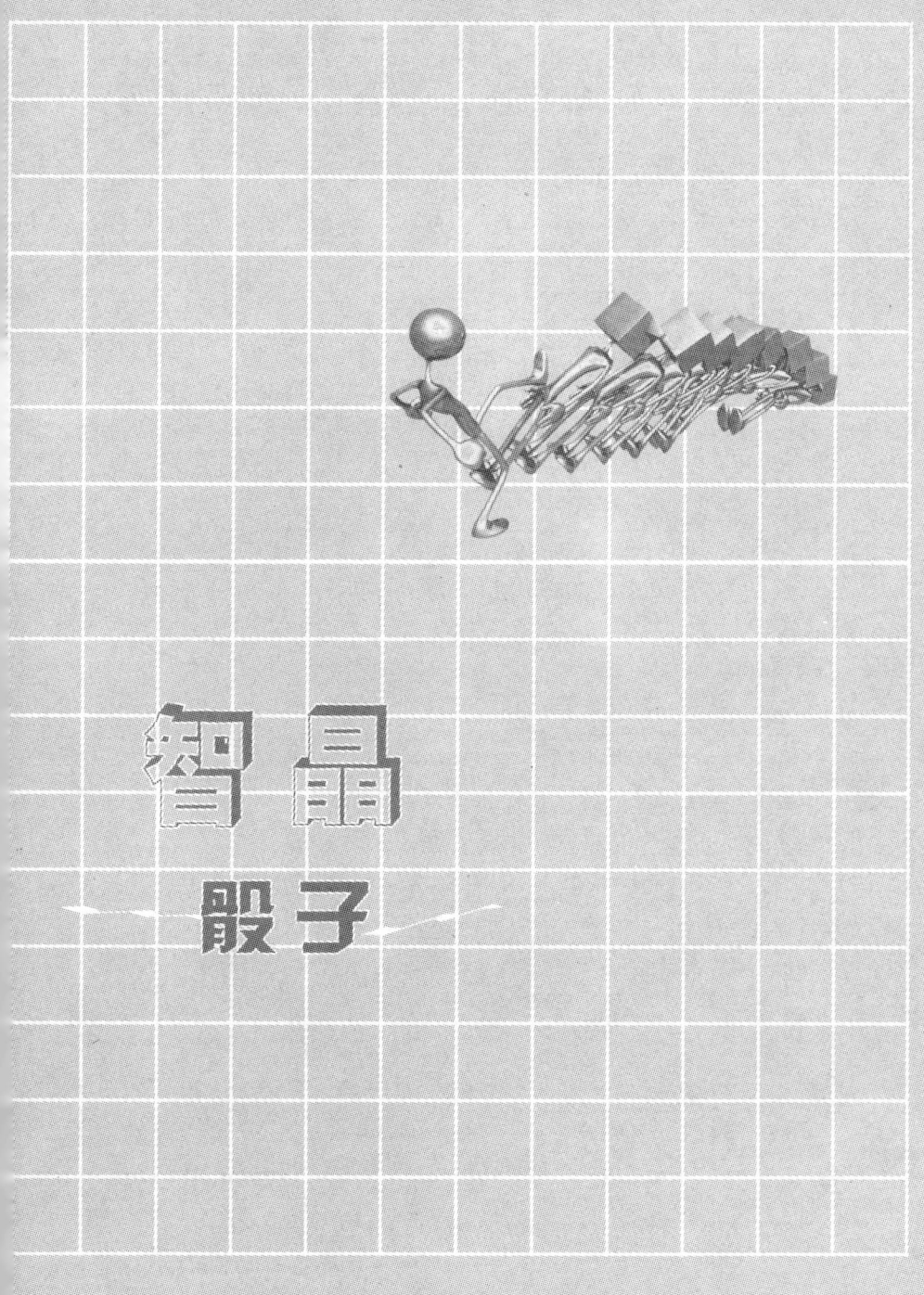

智晶

骰子

数形骰子

规则：把右图中空缺的数字标出来。

例：

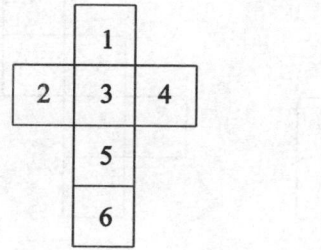
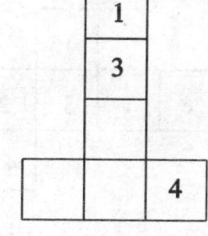

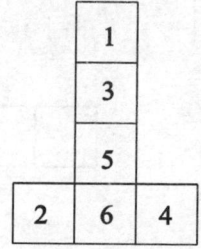

上面两图为同一骰子的不同平面展开图，上面左图已标好每面的数字，上面右图还有部分数字空缺，要求把空缺的数字标出来。答案如下面图所示。

第1题：

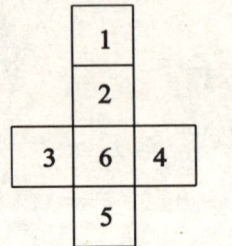 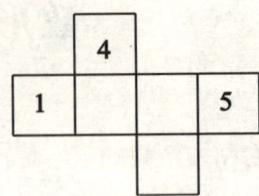

第2题：

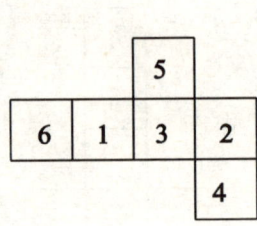 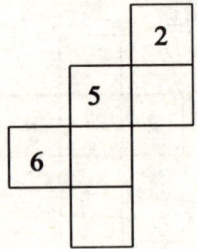

第3题：

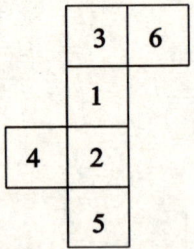 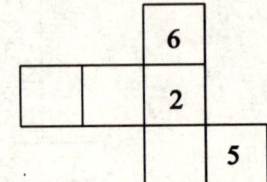

第 4 题：

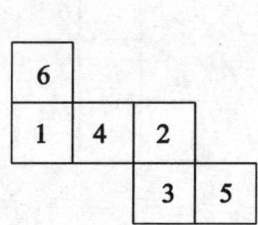 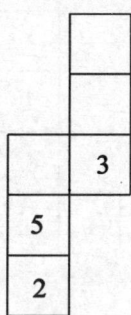

第 5 题：

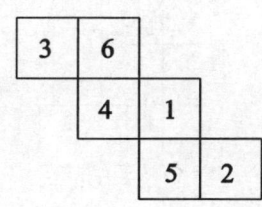 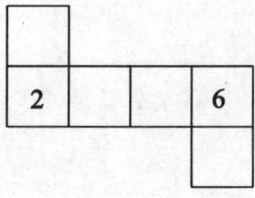

第 6 题：

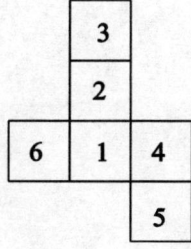 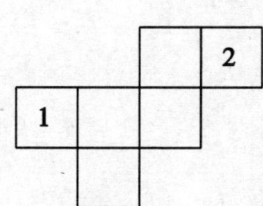

第 7 题:

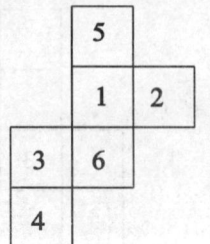 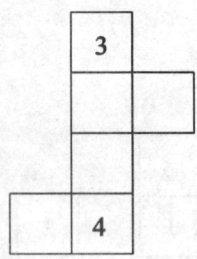

第 8 题:

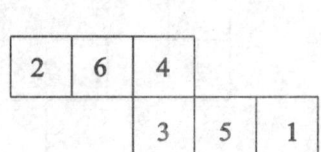 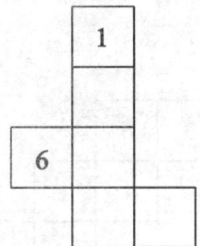

点形骰子

规则：把右图中空缺的点数标出来。

例：

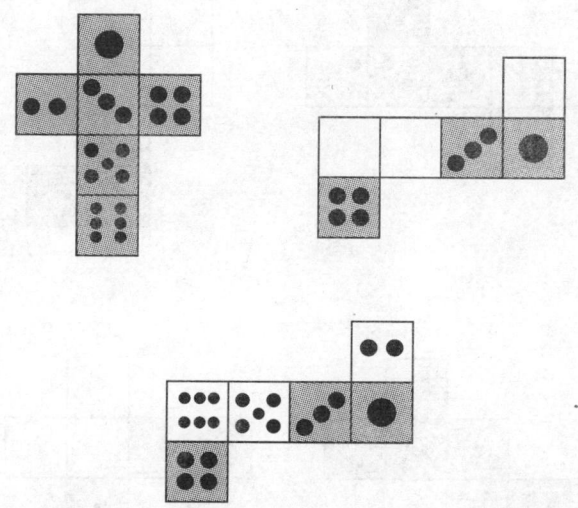

  上面两图为同一骰子的不同平面展开图，上面左图已标好每面的点数，上面右图还有部分点数空缺，要求把空缺的点数标出来，要注意2点、3点、6点的标示方向。答案如下面图所示。

第 1 题：

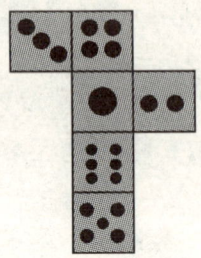 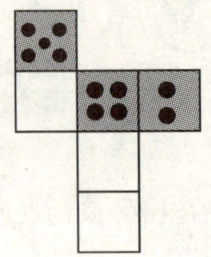

第 2 题：

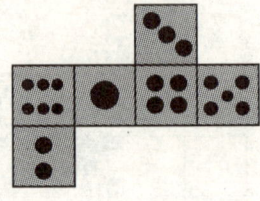 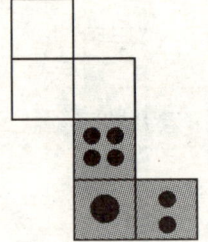

第 3 题：

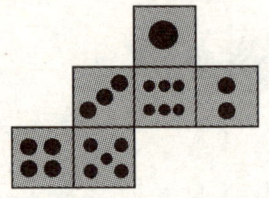 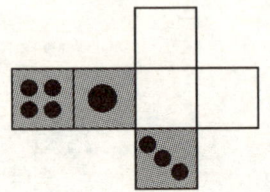

第4题：

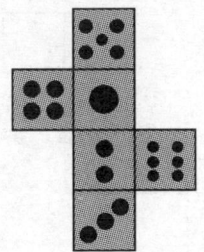 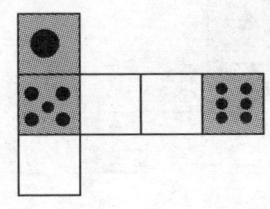

第5题：

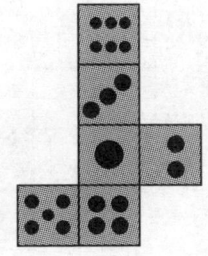 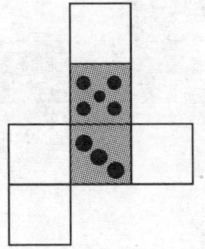

第6题：

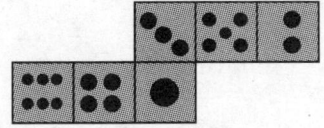 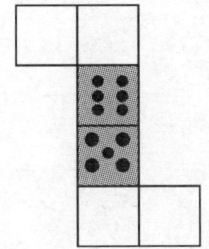

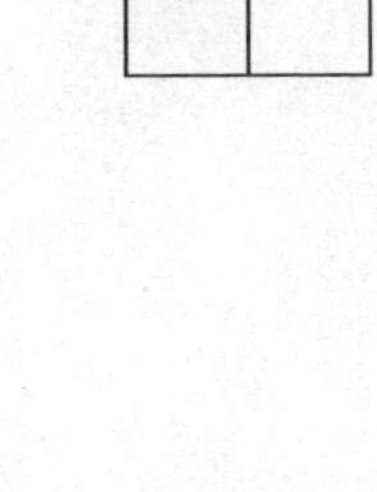

第 7 题：

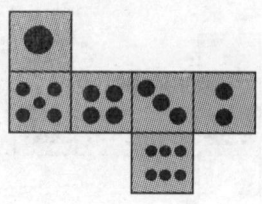 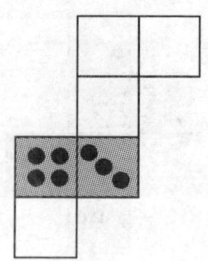

第 8 题：

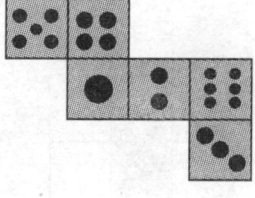 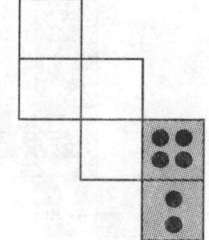

智晶

扫雷

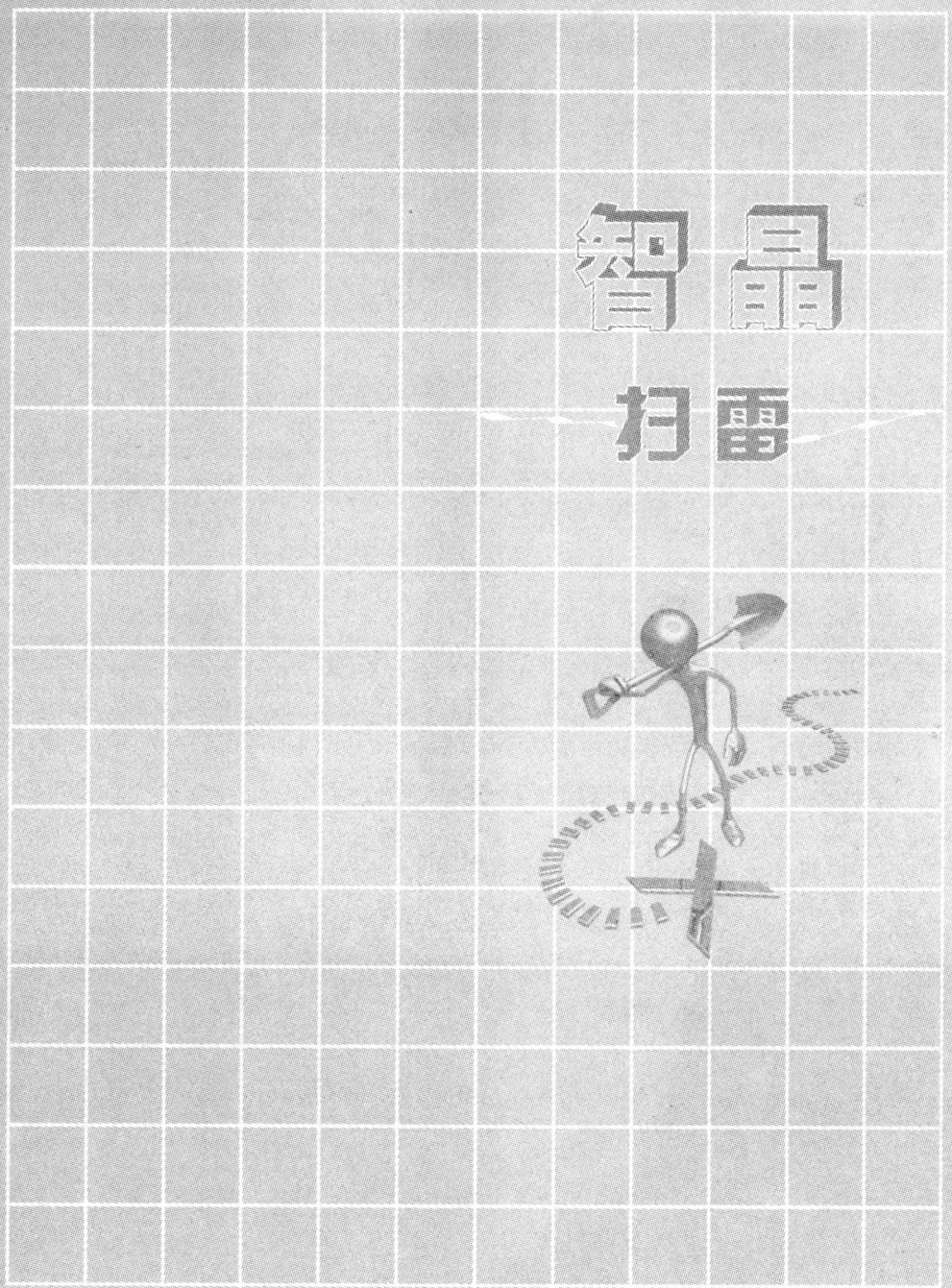

知雷标数

规则：在空格中填上数字，用该数字表示其所在方格周围的雷的数量。

例：

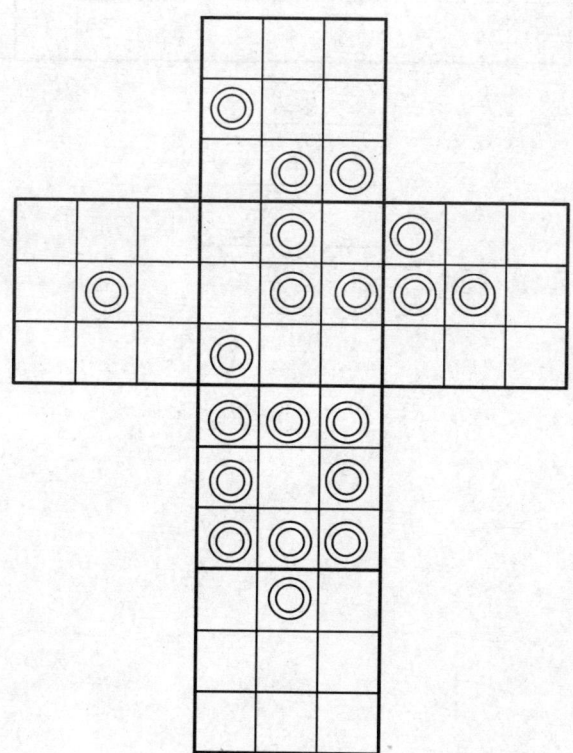

上图标出了雷的位置，要求在空格中填上数字，用该数字表示其所在方格周围的雷的数量。答案如下页图所示。

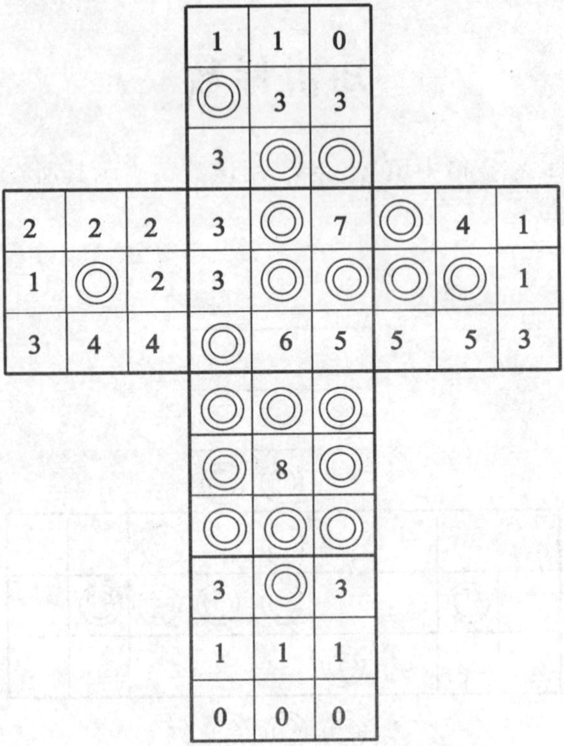

				1	1	0		
				◎	3	3		
				3	◎	◎		
2	2	2	3	◎	7	◎	4	1
1	◎	2	3	◎	◎	◎	◎	1
3	4	4	◎	6	5	5	5	3
				◎	◎	◎		
				◎	8	◎		
				◎	◎	◎		
				3	◎	3		
				1	1	1		
				0	0	0		

第1题：

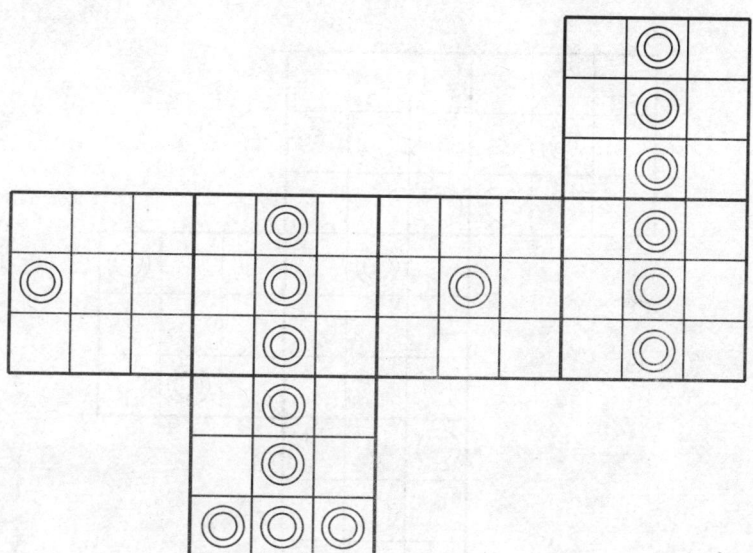

第 2 题：

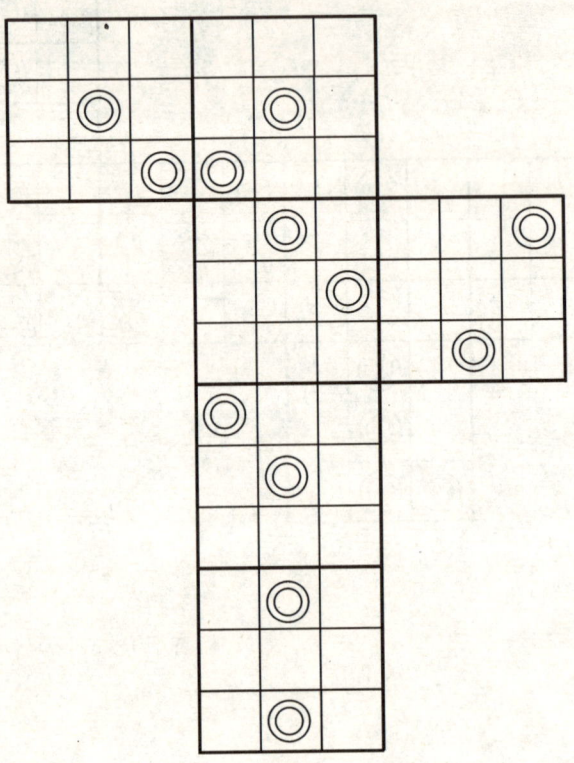

第 3 题：

第 4 题：

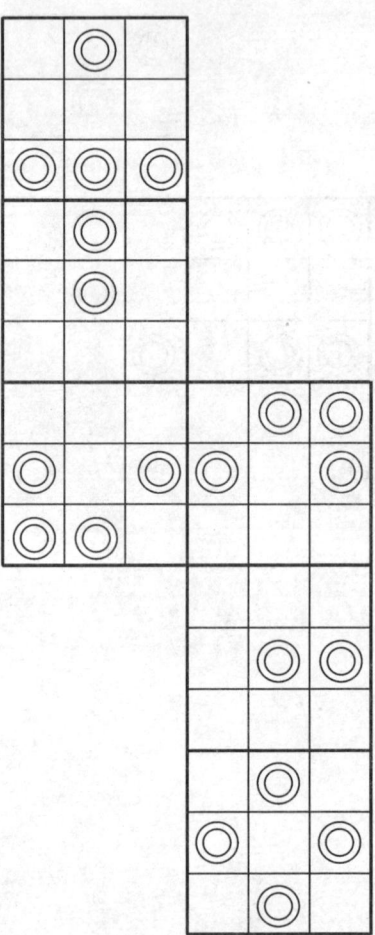

第 5 题:

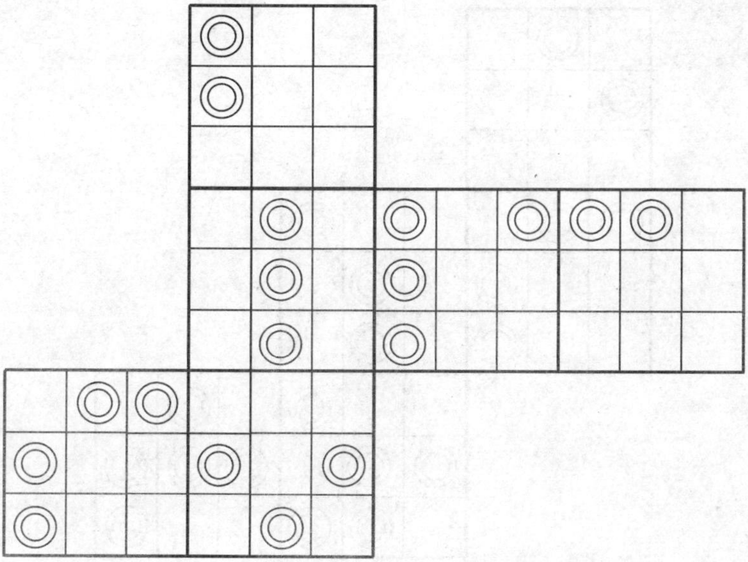

第6题：

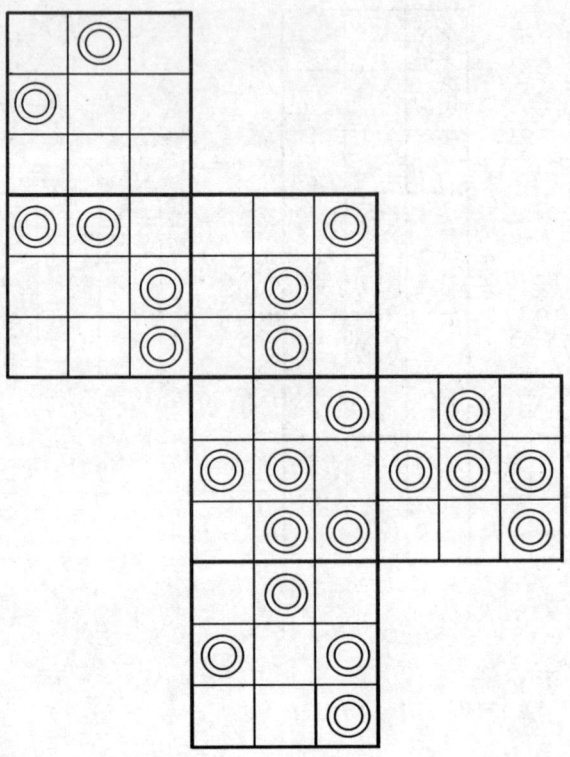

第 7 题:

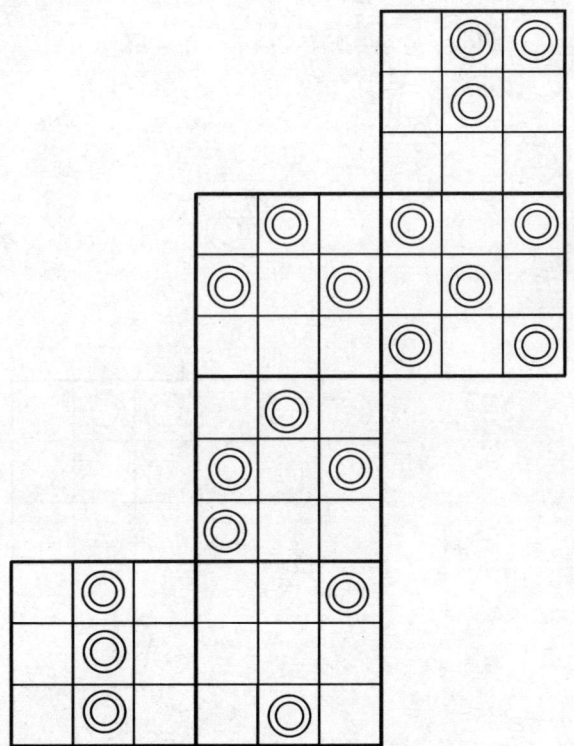

第8题:

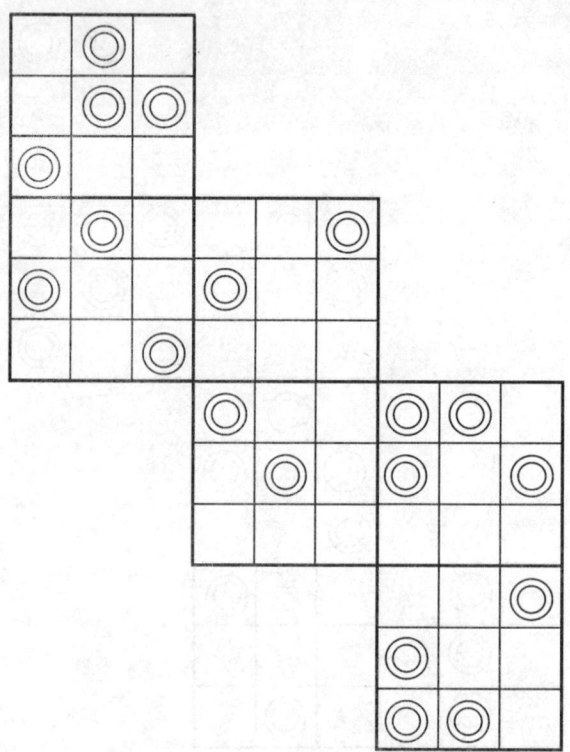

知数标雷

规则：在空格中标上雷，以吻合题中的数字，使该数字表示其所在方格周围的雷的数量。

例：

				2				
			7		4		1	
	3							
			4	2			2	
				5				
			3		2			
				1				

上图填有数字，该数字表示其所在方格周围的雷的数量，要求把雷标在空格中以吻合这些数字。

此图为上页例图的答案。

第1题：

		8		3	
	3				
		3	
	3	
	6	
	6	
	3	
4		2		1	
2	1		1		3

第 2 题：

				4				
					3			
			5					
			4					
				6				
				5				
			3					
		3			2	3		
2								1
2		2		3	1			

第3题：

		2	2		
	4		6		
		2			
4		4	1		
		3			
		5			2
	4				1	3
			1		

第 4 题：

											1
										2	
						5		4	1	2	1
			3	2						2	
					3			5			
			1		3						
4					3						
			1								

第 5 题：

			4	3	
				4	3
			6		4
			3		1
		3	3		
			2		
	4				3
		2			
	4				
	5				
3					

第6题：

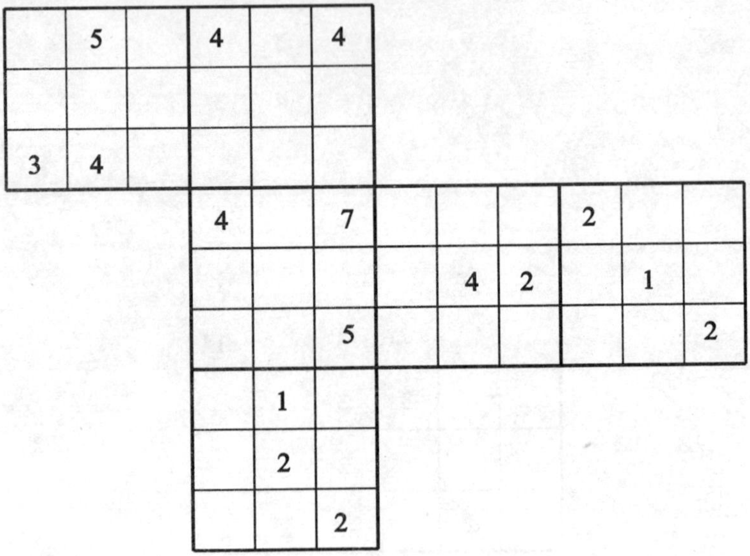

	5		4		4
3	4				

(下接拼图)

	4		7				2		
					4	2		1	
			5						2

	1	
	2	
		2

第7题:

					2			4
					3	5		
		5		8				
2	1							
			4					
	2	4						
5								
		2	3					

第8题：

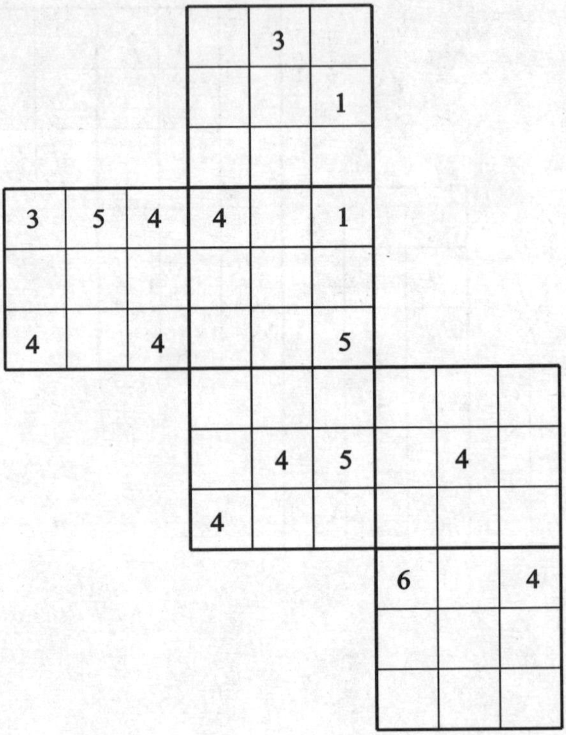

			3				
					1		
3	5	4	4		1		
4		4			5		
			4	5		4	
			4				
					6		4

智晶

数独

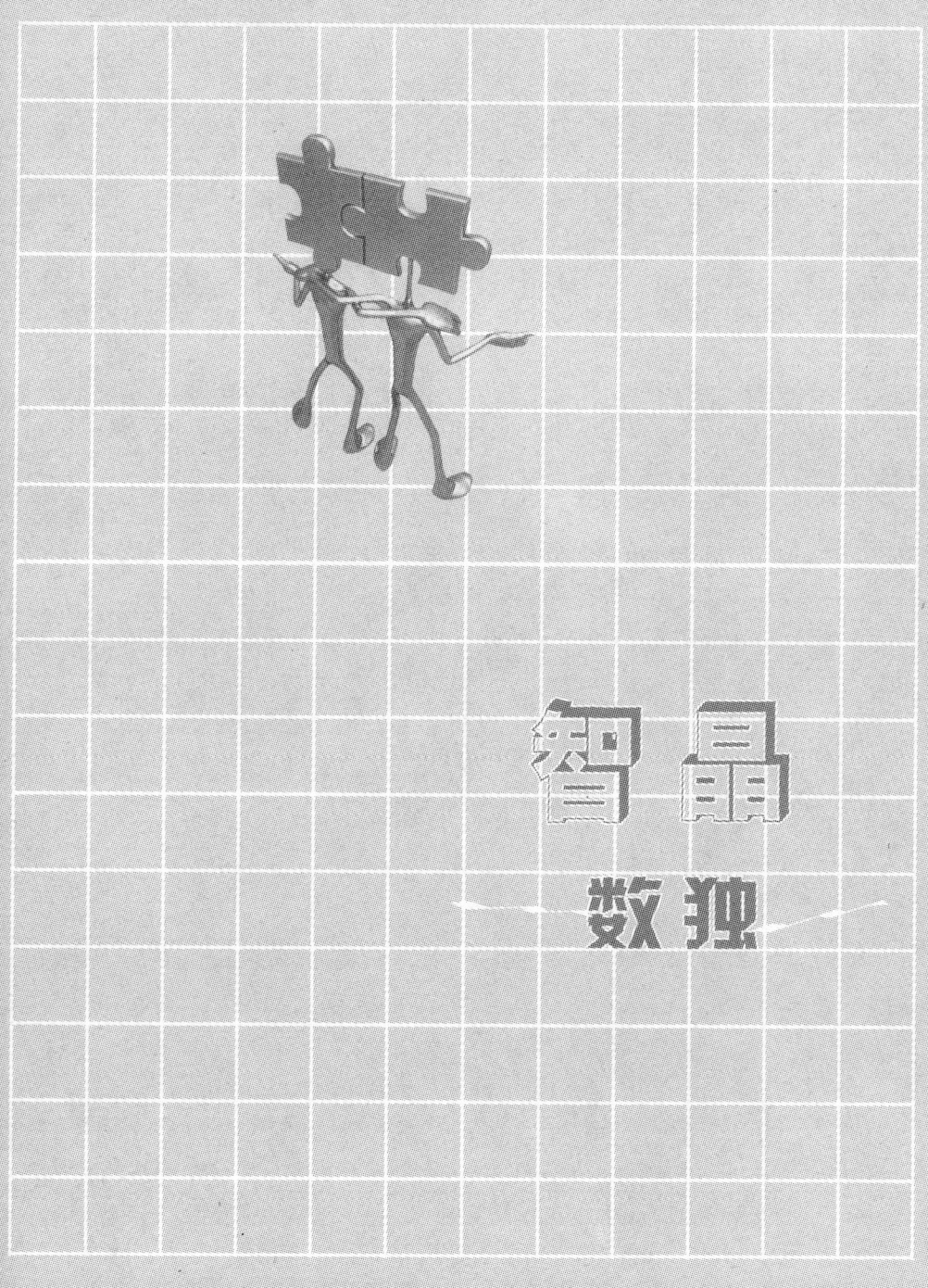

解题举例

智晶数独就是在已填有部分数字的智晶面中,将 1~8 之间的数字按下面两条规则填入除中格以外的空白九宫格中。

规则一:在同一面的格子中,每个数字只能出现一次;(九宫格的中格作为无效格)

规则二:在同一棱的格子中,每个数字只能出现一次。

总结规则:即 1~8 的每个数字在每一面、每一棱只能出现一次。

特别强调的是每个智晶数独的答案是唯一的。

同一面的格子、同一棱的格子等术语请参看书前的智晶简介。

例： 下面介绍一个智晶数独的解题过程。

			4	2	1			
			6	A				
			8	7	3			
3	2	1	5		2	4		
	B	6	4	C	7	1	D	5
5	4	7	3		8	6		2
			2	4	5			
			8	E				
			6	3	7			
			1	8	4			
			2	F	3			
			7	5	6			

1. 该例智晶数独共有 8 个未知方格待解。

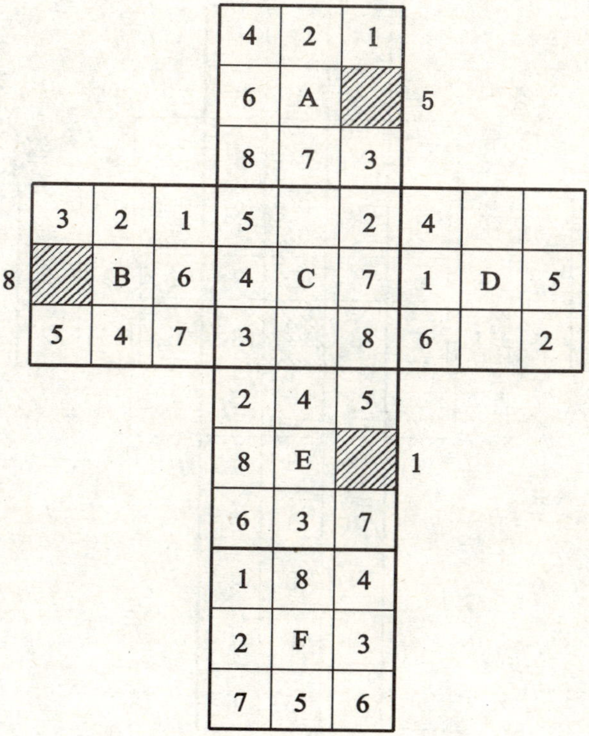

			4	2	1			
			6	A	▧	5		
			8	7	3			
3	2	1	5		2	4		
8	▧	B	6	4	C	7	1	D	5
5	4	7	3		8	6		2
			2	4	5			
			8	E	▧	1		
			6	3	7			
			1	8	4			
			2	F	3			
			7	5	6			

2. 首先求解标记条纹的三个空格。在 B 面中，数 1，2，3，4，5，6，7 已经存在，根据规则一，则该面空格中只能填数字 8。同理，A 面空格应为 5，E 面空格应为 1。

65

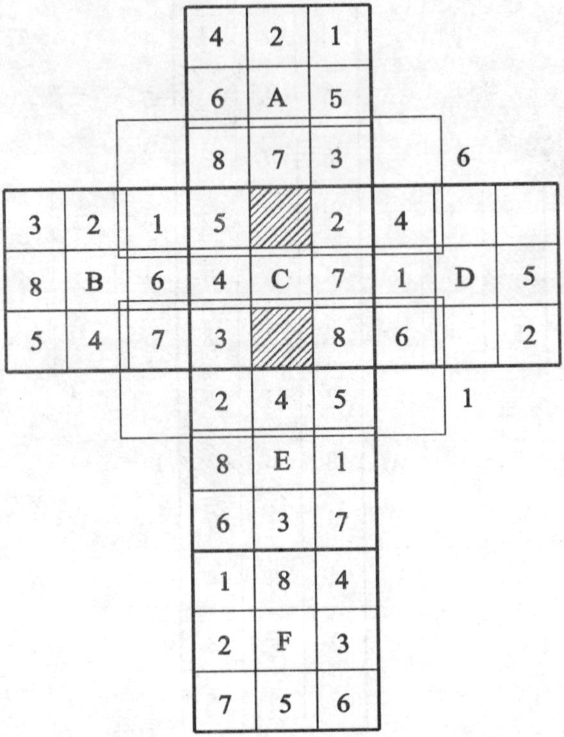

			4	2	1			
			6	A	5			
			8	7	3	6		
3	2	1	5	▨	2	4		
8	B	6	4	C	7	1	D	5
5	4	7	3	▨	8	6		2
			2	4	5	1		
			8	E	1			
			6	3	7			
			1	8	4			
			2	F	3			
			7	5	6			

3. 根据规则二，下部棱区域的标记空格只能填数字 1。同理，上部棱区域的空格应为 6。（大方框选定的是同一棱的格子）

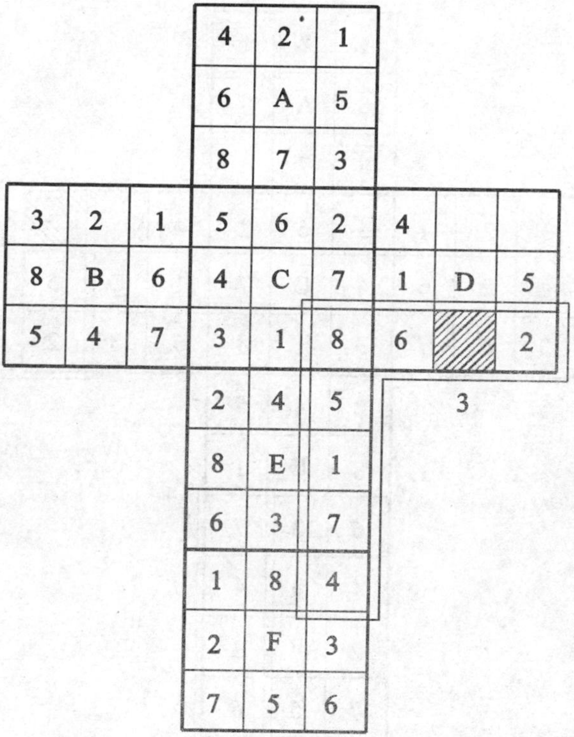

			4	2	1		
			6	A	5		
			8	7	3		
3	2	1	5	6	2	4	
8	B	6	4	C	7	1	D	5
5	4	7	3	1	8	6	▨	2
			2	4	5		3	
			8	E	1		
			6	3	7		
			1	8	4		
			2	F	3		
			7	5	6		

4. 根据规则二，该标记空格应填数字3。(在求解该空白方格前，应首先确定同一棱的8个格子的位置)

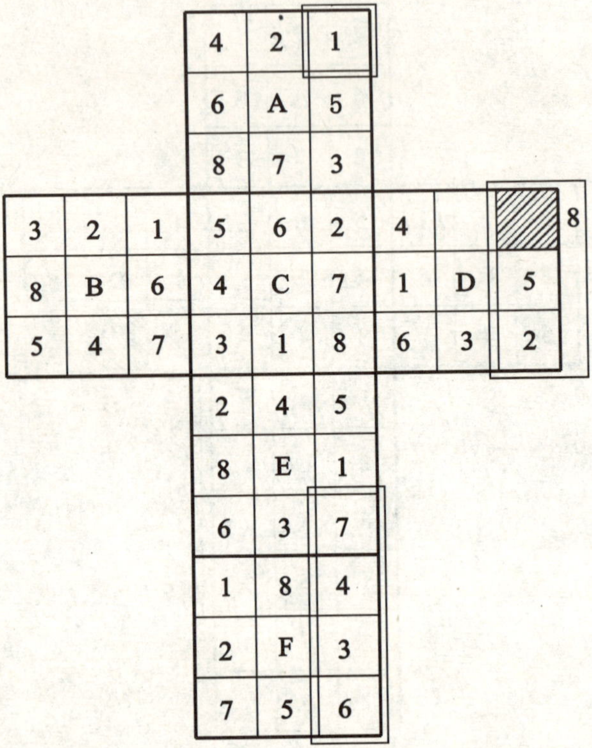

			4	2	1			
			6	A	5			
			8	7	3			
3	2	1	5	6	2	4		8
8	B	6	4	C	7	1	D	5
5	4	7	3	1	8	6	3	2
			2	4	5			
			8	E	1			
			6	3	7			
			1	8	4			
			2	F	3			
			7	5	6			

5. 根据规则二，则该标记空格只能填数字 8。（在求解该空白方格前，应首先确定同一棱的 8 个格子的位置）

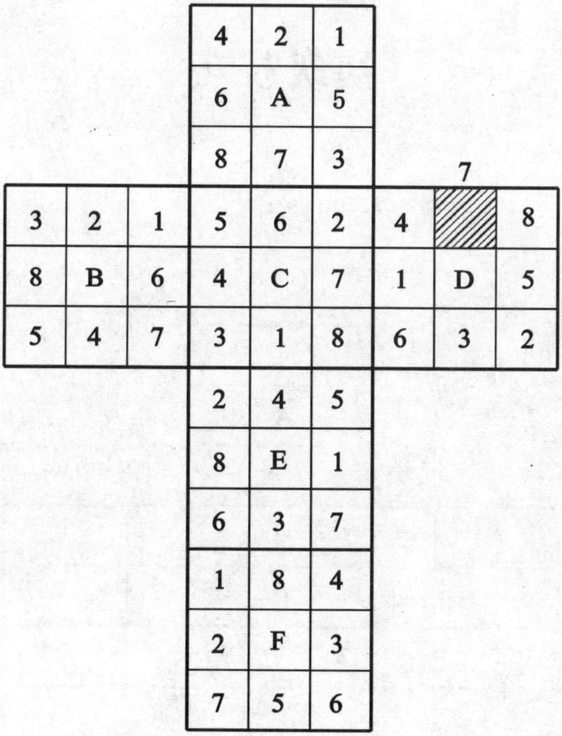

			4	2	1			
			6	A	5			
			8	7	3			
							7	
3	2	1	5	6	2	4	▨	8
8	B	6	4	C	7	1	D	5
5	4	7	3	1	8	6	3	2
			2	4	5			
			8	E	1			
			6	3	7			
			1	8	4			
			2	F	3			
			7	5	6			

6. 在 D 面中，根据规则一，则该标记空格只能填数字 7。至此，该智晶数独解答完毕。

初级技巧

技巧 1.1　每面有 8 个不同的数字。

例：

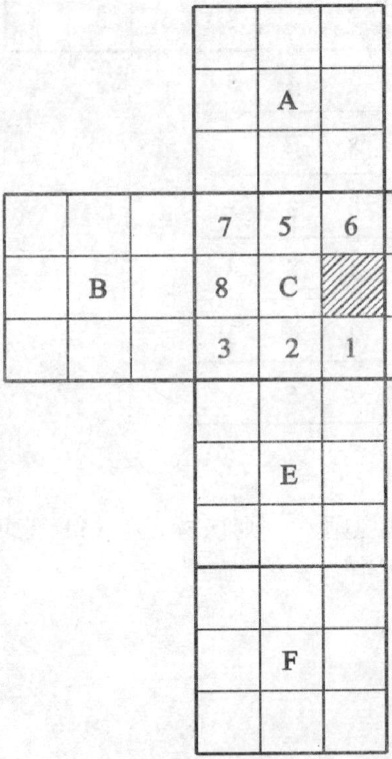

		A				
	7	5	6		
B	8	C	▨	D	
	3	2	1		
		E			
		F			

　　如上图，C 面应有 8 个不同的数字，已有 1，2，3，5，6，7，8 共 7 个数字，缺数字 4，故条纹格子为 4。

技巧 1.2　每条棱有 8 个不同的数字。

例：

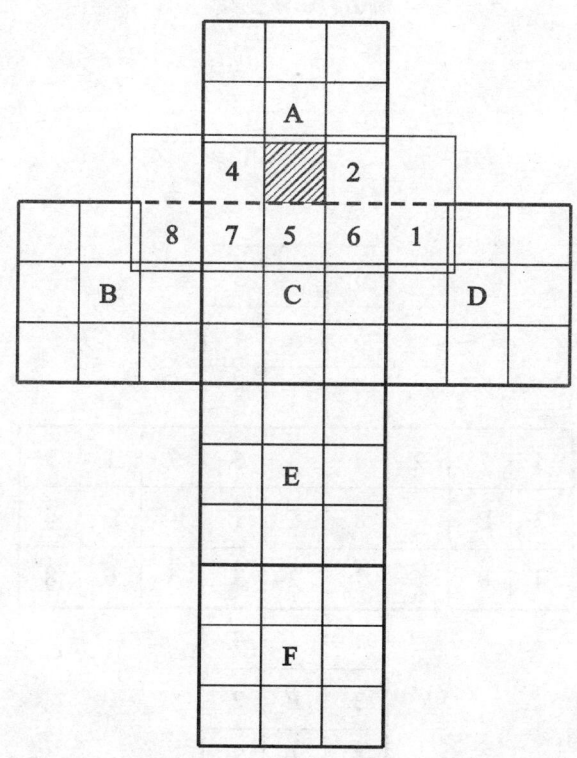

如上图，虚线棱应有 8 个不同的数字，已有 1，2，4，5，6，7，8 共 7 个数字，缺数字 3，故条纹格子为 3。

初级谜题

第1题：

			6		2			
			5	A	4			
			3	1	8			
1	7	2	4		6	7	1	3
3	B		8	C	1		D	4
4	8	6	7	2	3	5	6	8
			1		4			
			3	E	2			
			5	6	7			
			2		1			
			7	F	6			
			8	4	5			

第2题：

			4	6	7			
			3	F	1			
			2	5				
				1	3			
			5	E	2			
			8	4	6			
	4	1		2	5		1	4
5	D	7	4	C	8	2	B	6
8	3	2	6	7		3	8	5
				8	4			
			7	A	6			
			1	3	2			

73

第 3 题：

						7	3	4			
						2	B	6			
							1				
5		8	1		6	4	2	7	3		2
7	F	3	4	E	2	8	C	1	5	A	6
1	4	2	5	8	7	3		6	4	7	8
				4							
			7	D	8						
			3	5	2						

第4题：

			4		2					
			1	D	7					
			6	5	8					
8		2	7		3	4		6	1		5
6	F	1	4	E	5	2	C	7	8	A	3
7	4	5	8		6	1		3	4	6	2
						7	2	5			
						4	B	8			
						3		1			

第 5 题：

5		4	6		7	1		8
6	B	8		A		3	D	4
3		7	1		4	6		2
			5	2	8			
				C				
			4	7	1			
			8	6	5			
				E				
			2	4	3			
			7	1	6			
				F				
			3	5	2			

第6题：

2	7	3
	F	
8	6	4
3	5	2
	E	
7	8	1
6	4	5
	C	
1	2	7

5	D	3	7	A	2	1	B	8
1	7	6	4		8	5	6	7

第 7 题：

			2		7						
				D							
			4		1						
1	8	7	6	3	5	2	6	4	8	5	3
	A			C			E			F	
6	4	3	1	2	4	8	7	5	2	1	7
	8		5								
		B									
	3		6								

78

第8题:

					6				
				8	D	4			
					2				
8		3	2	1	4		7	6		5
7	F	6	5	E	8	3	C	2	1	A	4
2		1	4		7	6		5	8		3
									1	
								3	B	7
									5	

第 9 题：

6		1		7	
3	B	7	4	A	5
2		5		1	

	8		2
	3	C	1
	7		5

	3		8		7
8	E	6	2	D	1
	2		3		4

4		1
7	F	2
3		6

第 10 题：

4	7		5	8	
	A	1	7	B	6
6		8		1	2
2	1				
	C	6			
8		7			
7	4		3	6	
5	D	2		E	8
	3	6	7		1
			5	8	
				F	7
			1		6

第11题：

										1		5
											D	
										2	8	4
			6	7	8					7	6	3
5	A	7	4	C	3	2	E	6	1	F	8	
6	4	3				7	1	8				
7	5	8										
	B											
3		6										

82

第12题：

2	1									
7	B									
3	4									
	7	2	1		3	7		5	4	1	
	A	4		C	6	2	E		3	F	
		8	3	7		5	4		8	6	5
										3	4
										D	5
										8	6

中级技巧

技巧 2.1　任一面必有数字 a。其中 a = 1, 2, …, 8。

例：

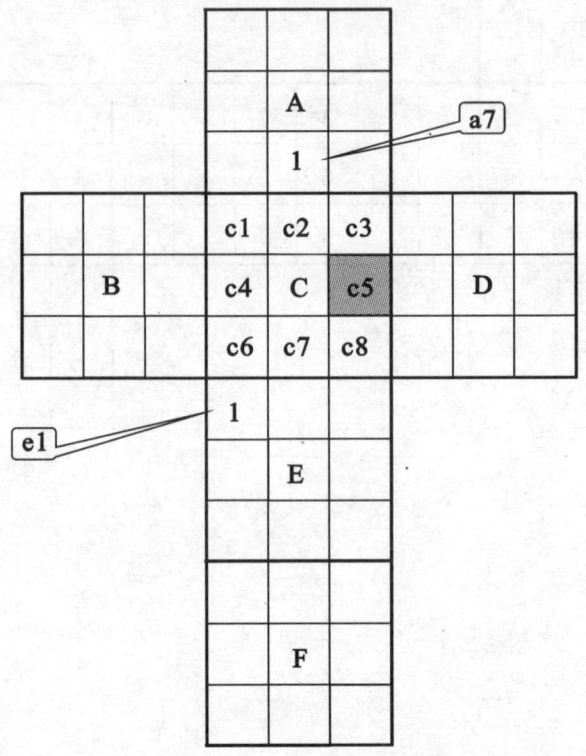

  如上图，e1 与 c6, c7, c8 同棱，据技巧 1.2 得 c6, c7, c8 不为 1；

  e1 与 c1, c4, c6 同棱，据技巧 1.2 得 c1, c4, c6 不为 1；

  a7 与 c1, c2, c3 同棱，据技巧 1.2 得 c1, c2, c3 不为 1；

  则 c1, c2, c3, c4, c6, c7, c8 不为 1，又因为面 C 必有数字 1（技巧 2.1），故只能 c5 处为 1。

技巧 2.2 任一棱必有数字 a。其中 a = 1, 2, …, 8。

例：

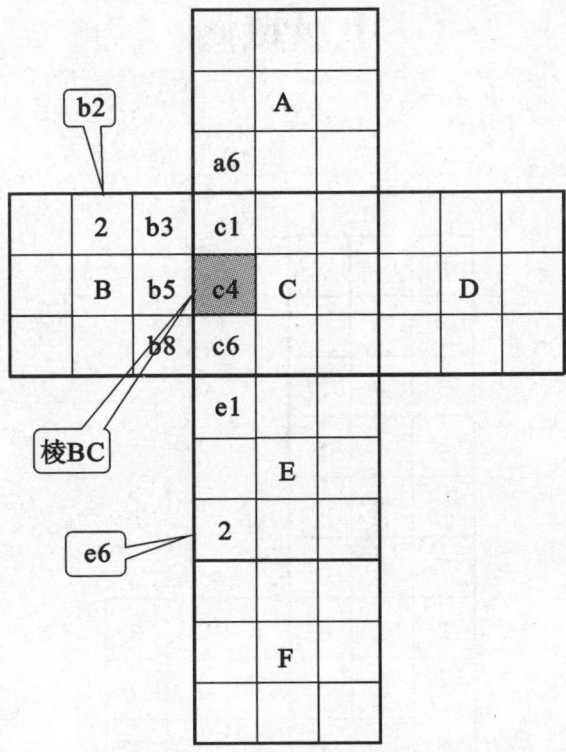

如上图，e6 与 b8, c6, e1 同棱，据技巧 1.2 得 b8, c6, e1 不为 2；

b2 与 a6, b3, c1 同棱，据技巧 1.2 得 a6, b3, c1 不为 2；

b2 与 b3, b5, b8 同面，据技巧 1.1 得 b3, b5, b8 不为 2；

则 a6, b3, b5, b8, c1, c6, e1 不为 2，又因为棱 BC 必有数字 2（技巧 2.2），故只能 c4 处为 2。

中级谜题

第13题：

8		2			
	D				
5		7			
6		1			
	F				
7		5			
1	8	6	3		8
	B			A	
3		4	1	6	5
			8		3
				C	
			2		4
			6		7
				E	
			4		2

第14题：

		3		
	7	D	2	
		8		
	4		6	
		F		
	3		2	
	7		5	
3	A	5	4	B	1
	4		6	
5		7		
	C			
1		8		
	2			
8	E	6		
	1			

第15题：

2	6	8						
	D							
	7							
		2		7				5
7	A	4	3	C	2	6	E	8
		6		5				7
6	5	2	4					
	F		B					
	1		6	8	1			

88

第 16 题：

					5		2		
						D			
					1	4	3		
1		4		8		7			
	E	8		C	7		A	4	
5		7		5			1		
					8	5	7	2	5
						B		F	
					6		4	8	7

第17题：

	6						
3	F	7					
	8						
	3		6		5		
1	B	8		A			
	2		3		1		
			7		6		4
				C		5	D	7
			8		3		6	
				1				
			3	E	5			
				6				

第18题：

				7	
			5	F	4
				2	
	2	3	7		8
	A	6	2	B	3
	1	8			
1	2	6			
5	D	8		C	
7	5	8			
	6	3	2		
	8	E	4		

91

第19题：

						8	6	
							D	
						5	1	
	7	1	4	6		7	2	
4	A			C	2		E	
	5	3	7	8		4	3	
7	6		4	2				
F			B					
3	2		8	6				

第20题：

4	8					
	D					
	7	5				
		4	8	7	3	1	5
7	E	3	C	4	8	A	2
1			3	5			
					2	8	3		
						B		2	F	7
					7	3				8

第 21 题：

2	6	4						
7	B		6	A	4			
			2		1			
						6	8	5
			5	C	2		D	3
			6		8			
			4		5			
			1	E	3			
			5		4			
			7	F	8			

第22题:

			6		4	2	
			1	A		7	B
					3	6	4
	5	4	8		5		
	D	1	6	C			
		7			2		
			5		8		
			2	E			
					7		
			4		6		
			5	F			
					1		

第23题：

						1					
							D				
						7	4	2			
4			6			3			5		
	A			C			E			F	
6	1	8	3	7	1	5	2	7	4	8	2
5											
	B										
3	8	6									

第 24 题：

			8						
			6	D					
				7	5				
7			2			3		6	
1	F		5	E		4	C	8	A
	5	8		4	1		8	5		1	4
								3	
								4	B
									5	7

第 25 题：

1							
4	F						
8	6	7					
	2	4			6	8	4
	B	8		A	7	5	D
			3	8	4		
			6				
			8	C			
			4	1	5		
				3	8		
				E	4		

第 26 题：

						3	F	5
						4		8
	5	8		6			3	
	D		4	A	3	8	B	2
	4	1		8			1	
				4				
			7	C	8			
				1				
			8		3			
			5	E	1			

99

第27题：

					5				
					7	D			
					6	4	8		
		1		7	3	5	
	A	7		C	4	1	E
2	5	4				7	8	3
	1	7	6	
F	6	8	B	
7	8	5		

第28题：

			6					
			D					
			8					
		5	2		6	4		
	E	1	4	C	8	5	A	
2	4	8		5		1	7	6
						5	8	
					4	B		3	F	2
						3	1	

第 29 题：

2							
3	F						
1	5						
	3	6		5	1		
	B		7	A			
		1	3		6		
			8				
			2	C			
			6	1			
				2	8	1	2
					E	6	D
					4	5	3

第 30 题：

					F		
				6	3	2	
		4		8	7	4	1
		5	A	2		B	
		6		1			
		8	2	4			
			C				
		5	1	3			
		4	2				
	D	8	1	E			
		6	3				

103

第31题：

			5	6	2		
			D	4	5	E	
				3	7	4	
	1	6	5				
	A	3	1	C			
		8	7	3			
2	6	1					
F	8	2	B				
	4	7	8				

第32题：

		6	3	2	
	E	2		D	7
		8	1	5	

	4	2	3		
	C	5	8	A	
		4	6	2	

	8		3		4
	B	6	1	F	
	1		8		5

高级技巧

技巧 3.1　角格中的数字在其他面中的分布规律。

3.1.1　角格中的数字在相邻面中的分布规律一。如下图：

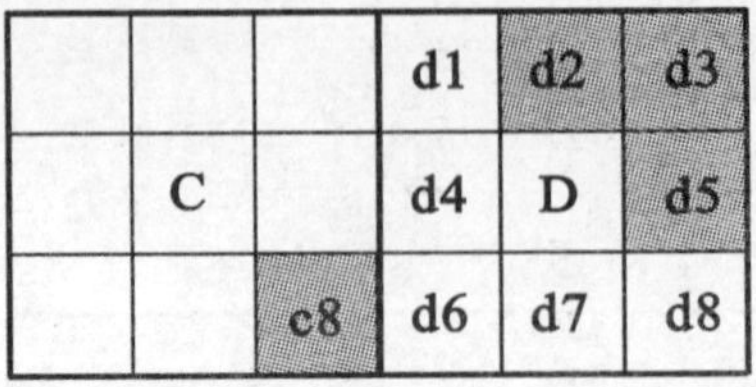

		d1	d2	d3
	C	d4	D	d5
		c8	d6	d7	d8

如面 C，角格 c8 中填有数字 a，则面 D 中只能在 d2，d3，d5 这三个格子中填写数字 a，其他格 d1，d4，d6，d7，d8 中不能填写数字 a。

例：

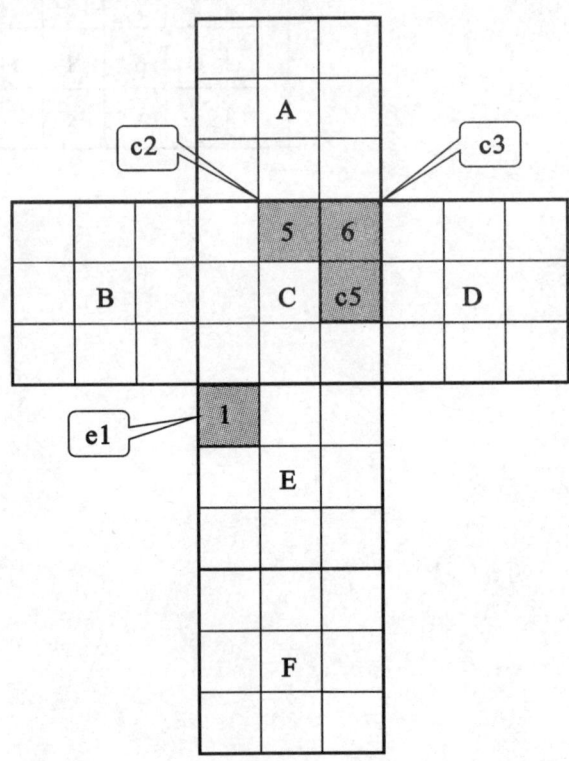

如上页图，面 E 中角格 e1 中填有数字 1，则面 C 中只能在 c2，c3，c5 这三个格子中填写数字 1，又 c2，c3 中已有数字，故只能在 c5 中填写数字 1。

3.1.2 角格中的数字在相邻面中的分布规律二。如下图：

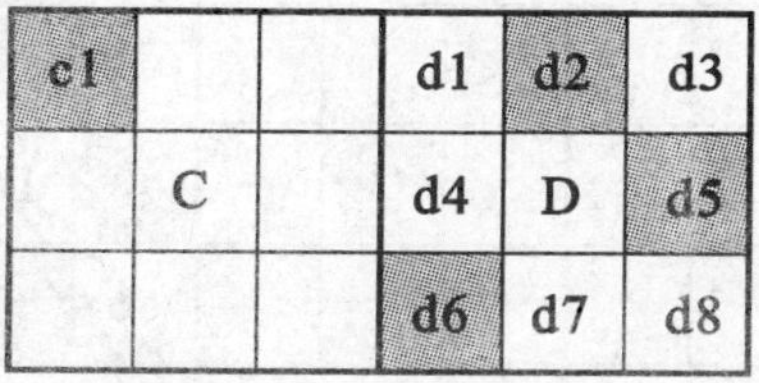

c1			d1	d2	d3
	C		d4	D	d5
			d6	d7	d8

如面 C，角格 c1 中填有数字 a，则面 D 中只能在 d2，d5，d6 这三个格子中填写数字 a，其他格 d1，d3，d4，d7，d8 中不能填写数字 a。

例：

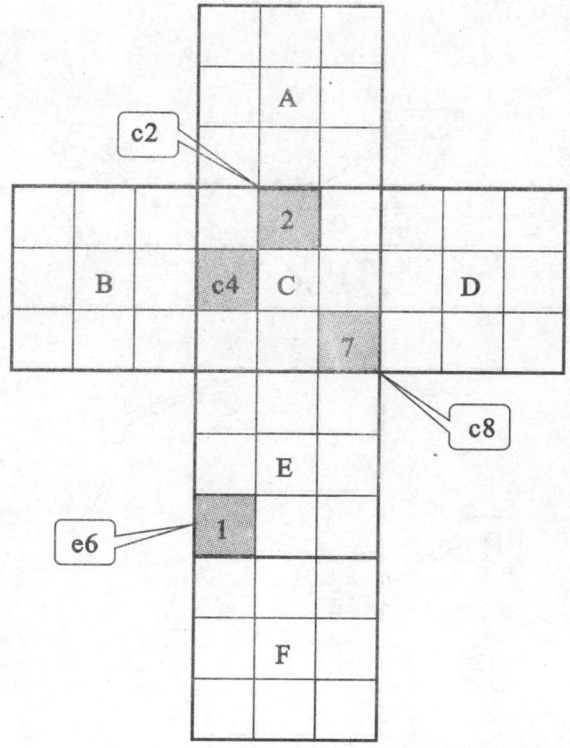

如上页图，面 E 中角格 e6 中填有数字 1，则面 C 中只能在 c2，c4，c8 这三个格子中填写数字 1，又 c2，c8 中已有数字，故只能在 c4 中填写数字 1。

3.1.3 角格中的数字在相对面中的分布规律。如下图：

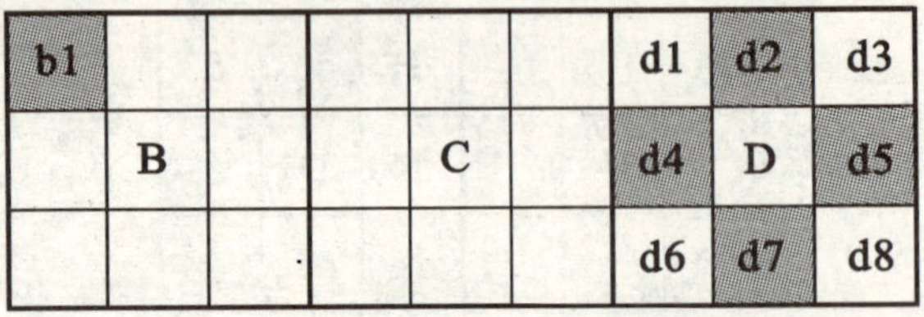

b1					d1	d2	d3
	B		C		d4	D	d5
					d6	d7	d8

如面 B，角格 b1 中填有数字 a，则其相对面 D 中只能在 d2，d4，d5，d7 这四个格子中填写数字 a，其他格 d1，d3，d6，d8 中不能填写数字 a。

例：

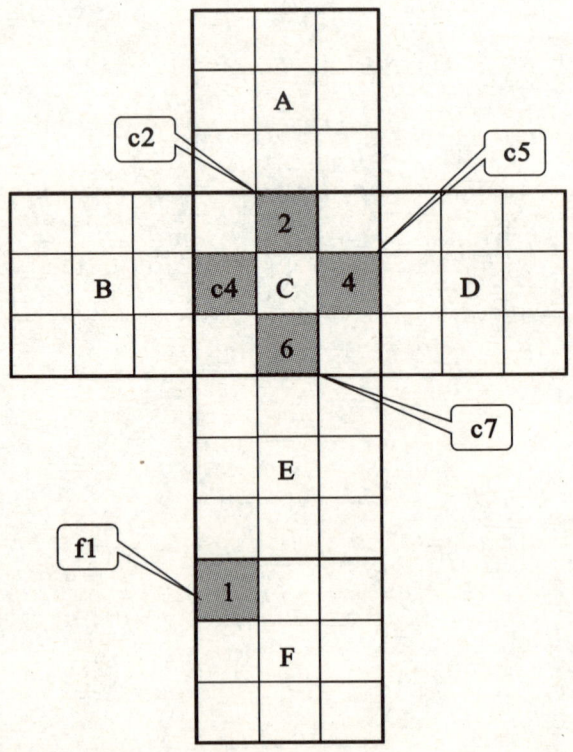

如上页图，面 F 中角格 f1 中填有数字 1，则面 C 中只能在 c2，c4，c5，c7 这四个格子中填写数字 1，又 c2，c5，c7 中已有数字，故只能在 c4 中填写数字 1。

技巧 3.2 边格中的数字在其他面中的分布规律。

   3.2.1 边格中的数字在相邻面中的分布规律一。如下图：

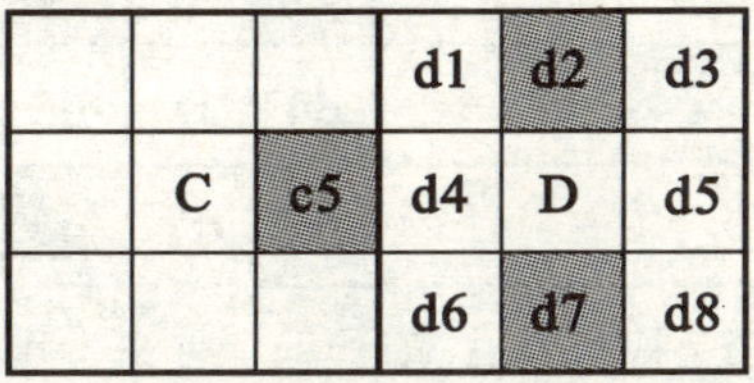

		d1	d2	d3
C	c5	d4	D	d5
		d6	d7	d8

如面 C，边格 c5 中填有数字 a，则面 D 中只能在 d2，d7 这两个格子中填写数字 a，其他格 d1，d3，d4，d5，d6，d8 中不能填写数字 a。

例：

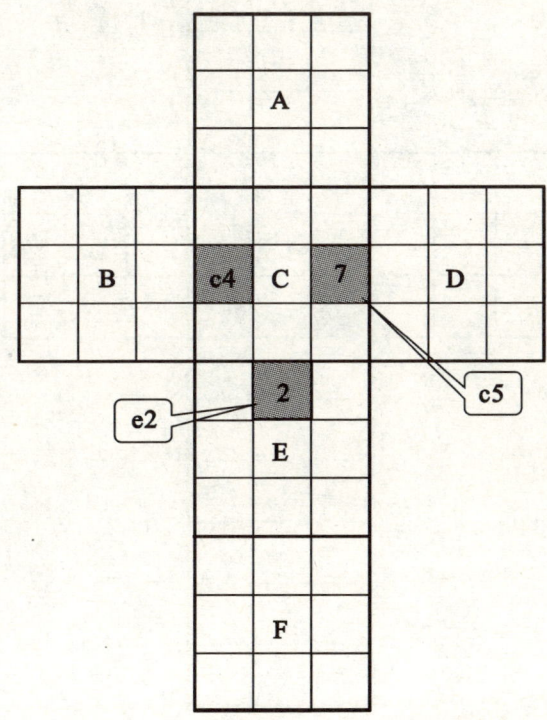

如上页图，面 E 中边格 e2 中填有数字 2，则面 C 中只能在 c4、c5 这两个格子中填写数字 2，又 c5 中已有数字，故只能在 c4 中填写数字 2。

3.2.2 边格中的数字在相邻面中的分布规律二。如下图：

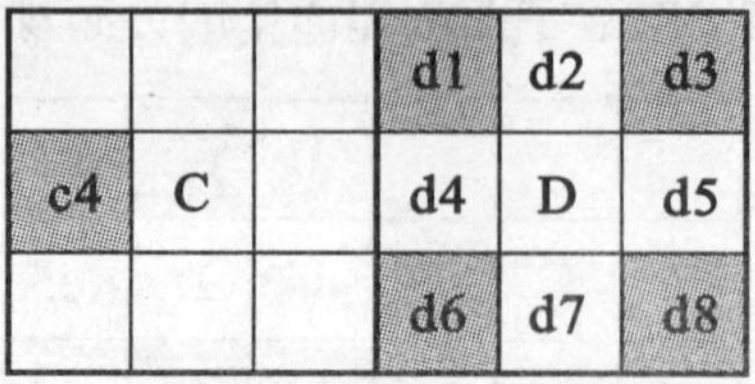

			d1	d2	d3
c4	C		d4	D	d5
			d6	d7	d8

如面 C，边格 c4 中填有数字 a，则面 D 中只能在 d1、d3、d6、d8 这四个格子中填写数字 a，其他格 d2、d4、d5、d7 中不能填写数字 a。

例：

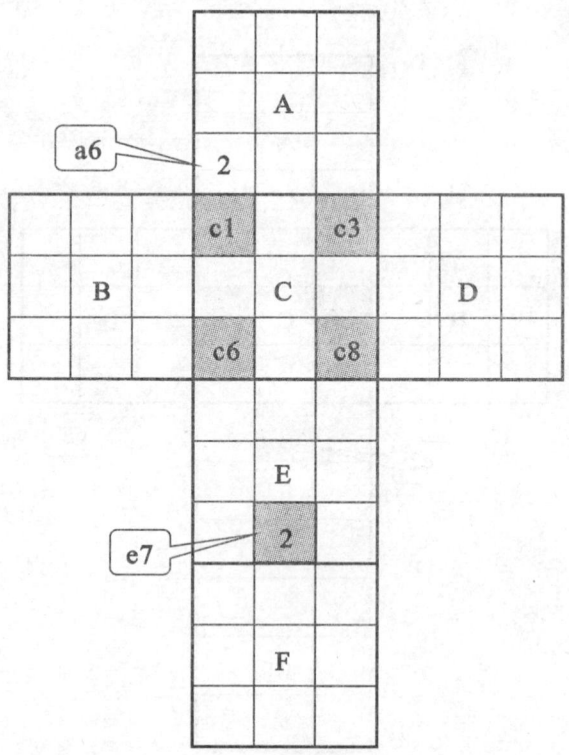

如上页图，a6 与 c1，c3 同棱，据技巧 1.2 得 c1，c3 不为 2；

a6 与 c1，c6 同棱，据技巧 1.2 得 c1，c6 不为 2；

面 E 中边格 e7 中填有数字 2，则面 C 中只能在 c1，c3，c6，c8 这四个格子中填写数字 2，又 c1，c3，c6 这三个格不能为 2，故只能在 c8 中填写数字 2。

3.2.3　边格中的数字在相邻面中的分布规律三。如下图：

	c2		d1	d2	d3
	C		d4	D	d5
			d6	d7	d8

如面 C，边格 c2 中填有数字 a，则面 D 中只能在 d3，d4，d6 这三个格子中填写数字 a，其他格 d1，d2，d5，d7，d8 中不能填写数字 a。

例：

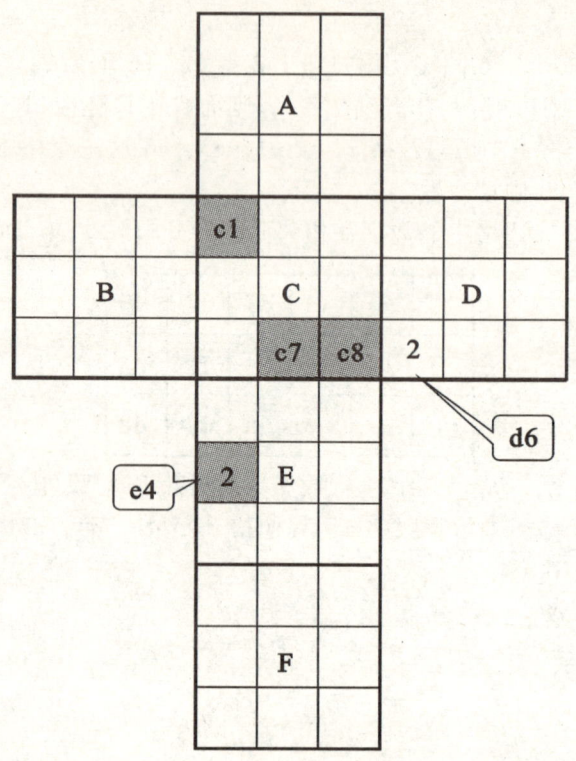

如上页图，d6 与 c7、c8 同棱，据技巧 1.2 得 c7、c8 不为 2；

面 E 中边格 e4 中填有数字 2，则面 C 中只能在 c1、c7、c8 这三个格子中填写数字 2，又 c7、c8 这两个格不能为 2，故只能在 c1 中填写数字 2。

3.2.4 边格中的数字在相对面中的分布规律。如下图：

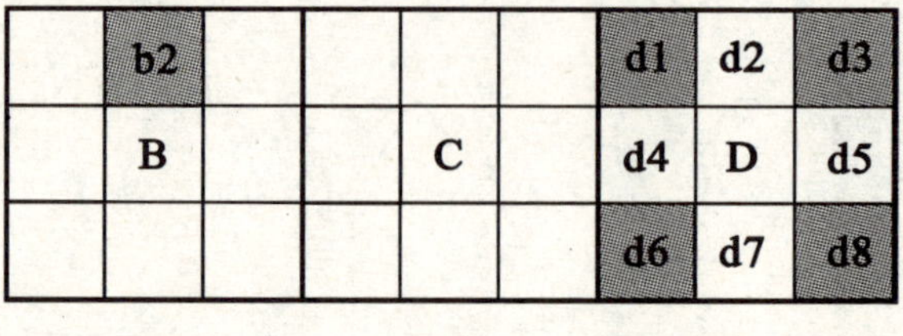

	b2				d1	d2	d3
	B			C		d4	D	d5
					d6	d7	d8

如面 B，边格 b2 中填有数字 a，则面 D 中只能在 d1，d3，d6，d8 这四个格子中填写数字 a，其他格 d2，d4，d5，d7 中不能填写数字 a。

例：

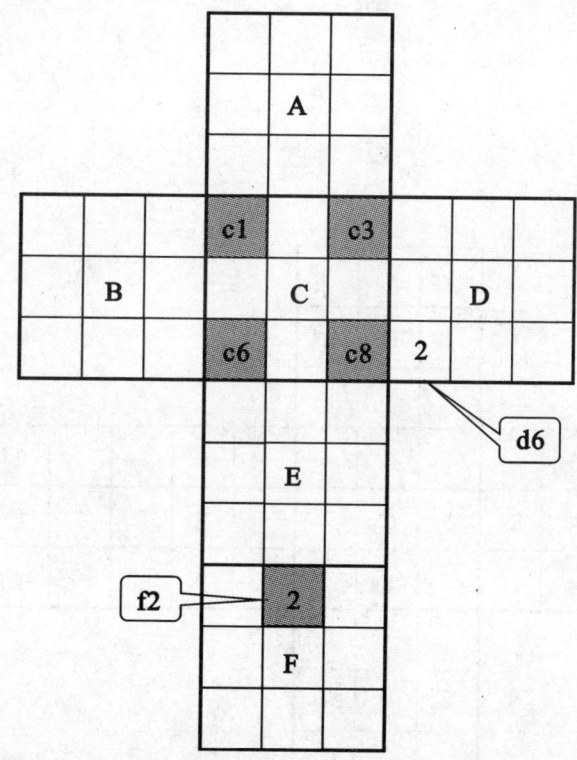

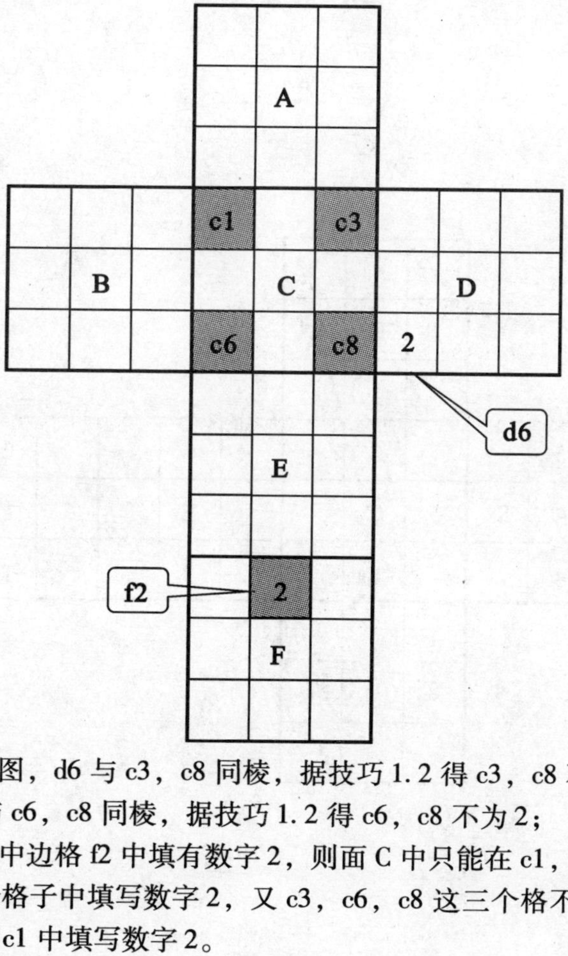

如上图，d6 与 c3，c8 同棱，据技巧 1.2 得 c3，c8 不为 2；d6 与 c6，c8 同棱，据技巧 1.2 得 c6，c8 不为 2；

面 F 中边格 f2 中填有数字 2，则面 C 中只能在 c1，c3，c6，c8 这四个格子中填写数字 2，又 c3，c6，c8 这三个格不能为 2，故只能在 c1 中填写数字 2。

关于高级技巧的证明可参考网站 www.jingor.com。

高级谜题

第33题：

		1	D	2				
		4		7				
	5		2		6		1	
A	8	5	C		E	7	6	F
4			8		3		7	
		1		6				
		8	B	7				

第34题：

	B	
5	2	3

		7	3				1	6		
	F	5	1	E	6	2	C	4	7	A
		4	8				5	2		

1	4	8
	D	

第 35 题：

			1					
				A				
			2	5	3			
		7	4		8			
	B			C				
4		6	3					
					4	5		
				E			D	
			5		6	8		2
			7	3	1			
				F				
					5			

第36题：

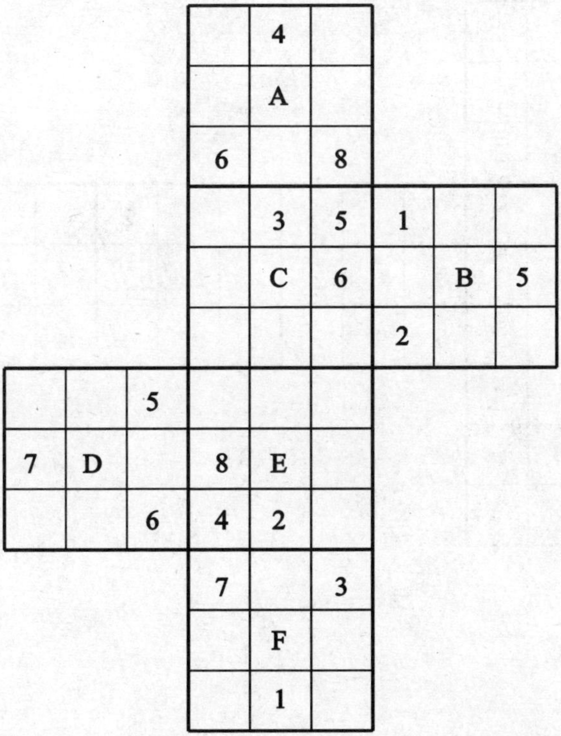

			4				
			A				
		6		8			
			3	5	1		
			C	6		B	5
				2			
		5					
7	D		8	E			
		6	4	2			
			7		3		
			F				
			1				

第37题：

	D									
3	6	2								
	8	7				5	2			
	A	1	8	C		E	3	5	F	
			6	1				4	3	
8	1	4								
	B									

第38题:

								5		
									B	
									1	4
2			6			1		7		
3	F	7		E	2		C	6	4	A
6			1			7		2		
									4	7
									D	
								6		

第39题：

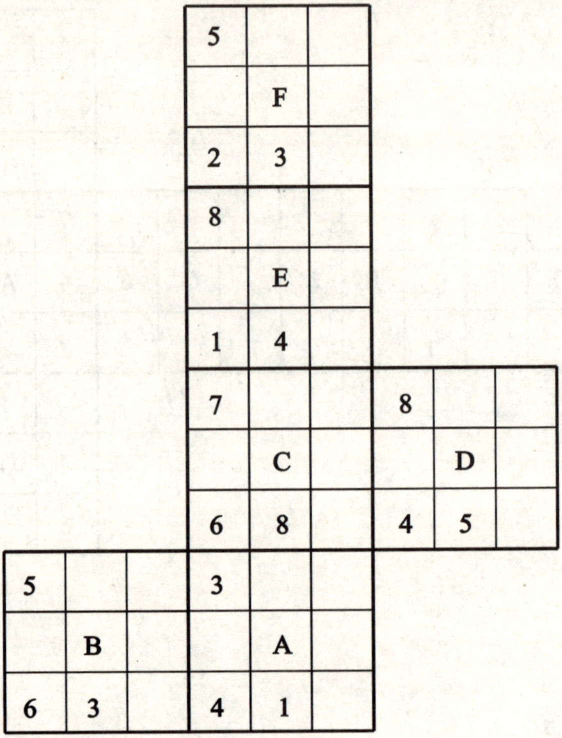

	5						
		F					
	2	3					
	8						
		E					
	1	4					
	7			8			
		C			D		
	6	8		4	5		
5		3					
	B		A				
6	3	4	1				

第 40 题：

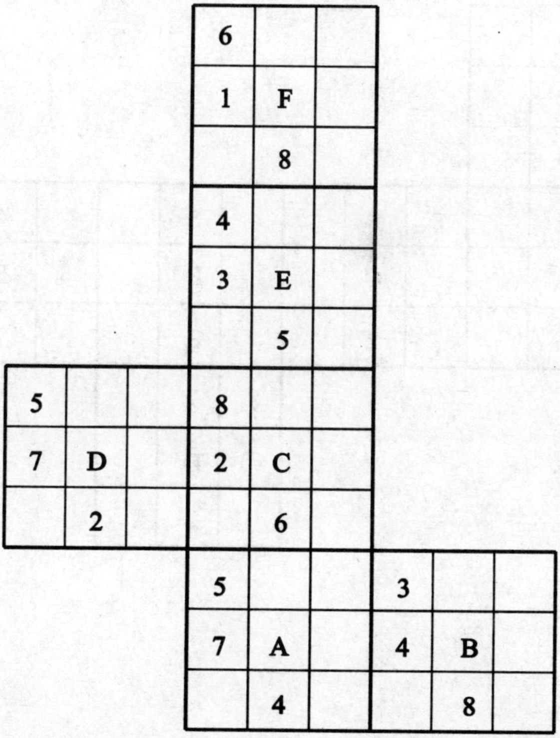

			6				
			1	F			
				8			
			4				
			3	E			
				5			
5			8				
7	D		2	C			
	2			6			
			5			3	
			7	A		4	B
				4			8

第 41 题：

3	6										
	B										
	4										
6	1		8	6		4	8		1	4	
	A			C			E			F	
	5			2			3			7	
			8	7							
				D							
				2							

第42题：

							2		
							5	B	
									7
5			1			4		8	
4	F		3	E		5	C	6	A
		7			6		2		3
			5						
			2	D					
					4				

第43题：

		7	1		
1	B			A	6
		3	8		

(下方延伸部分)

	1	C	
	7	3	
	1	6	
	E	3	

	1	4		
F	7	6	D	
	2	8		

124

第 44 题：

		1		3	6	
		A		B		
		4	2		5	
		8	C	4		
			5			
			8			
		7	E	5		
		5		7		
	D	7	1	F		
		1		4		

第45题：

				5			3		6	
			1	A		6	C		2	E
					4	8			1	
	6		3	7						
D	5		F	1		B	6			
	1		8			2				

第46题：

	D	4		F	5		B	1		
	6	1	2		6	8	5			
				1	2	7		8	5	7
			5	A		1	C		3	E

第47题:

				8				
				E				
				7				
			6	1	3			
				C				
				4				
	1				1			
	B		6	A	4	3	D	7
7	6				8			
5	8							
	F							
	3							

128

第 48 题：

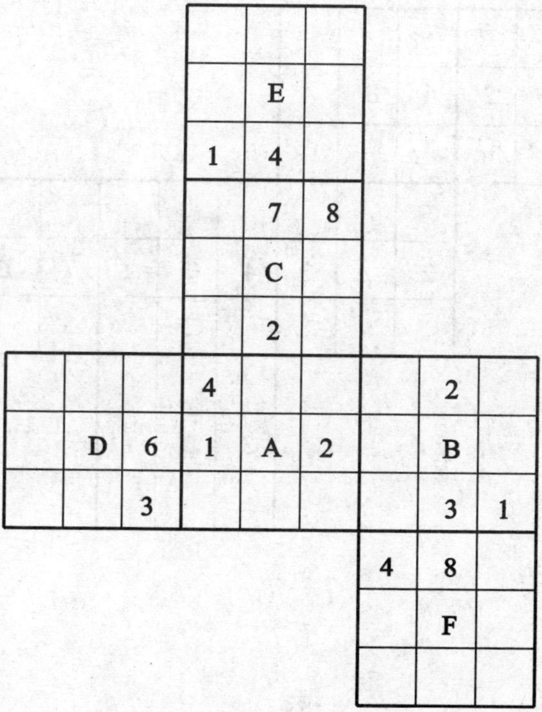

	E			
1	4			
	7	8		
	C			
	2			

(combined cross-shaped grid)

			4			2	
	D	6	1	A	2	B	
		3				3	1
					4	8	
						F	

第49题：

8	F	2	6	B	4

2	A	3	4	C	1	7	E	8
		8		3		5		

3	D	8

第 50 题：

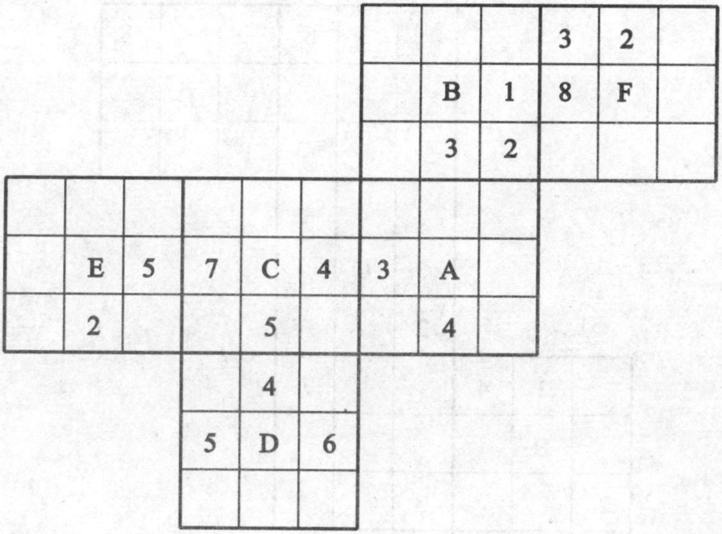

					3	2	
				B	1	8	F
				3	2		

	E	5	7	C	4	3	A	
	2				5		4	
				4				
			5	D	6			

第51题：

	3	6			8
	E			D	
5			1		
	4	8
	C	
2		

	1	4			7
	B			A	
2			3		
		7
	F	
5		

第 52 题：

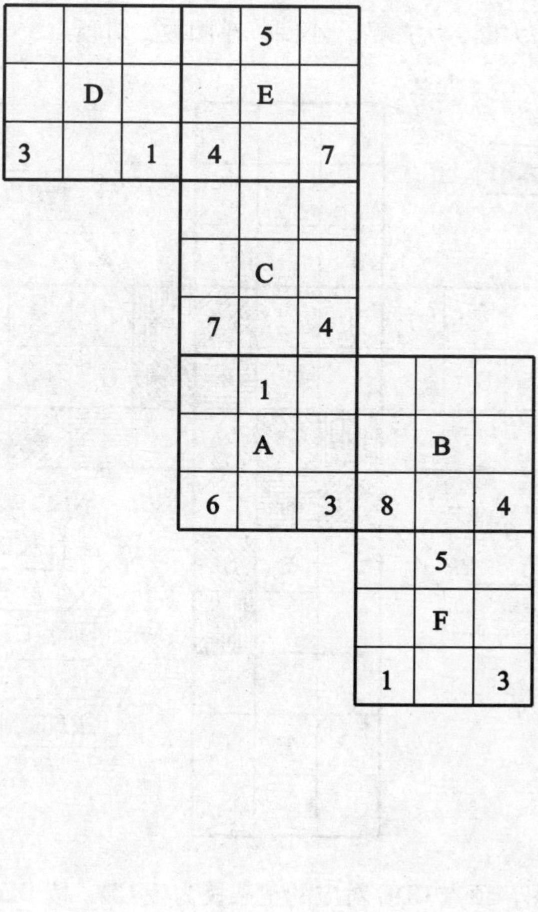

				5			
	D			E			
3		1	4		7		
				C			
			7		4		
				1			
			A			B	
			6		3	8		4
						5	
						F	
					1		3

顶级技巧

概念：大圈，大圈数，小圈，小圈数，对顶点

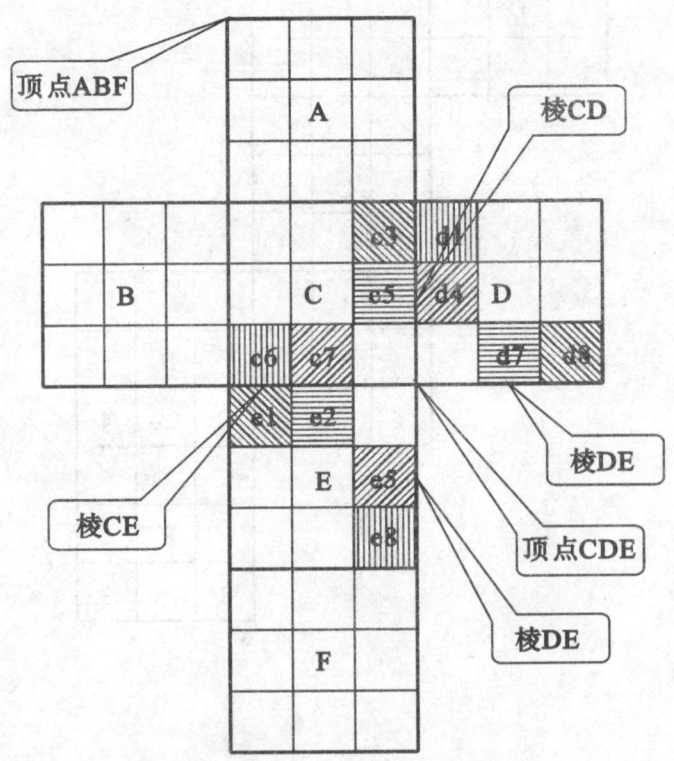

如上图，顶点 CDE 对应的三条棱为棱 CD，棱 DE，棱 CE。
d8，e1，c3 三个角格形成一个绕顶点 CDE 的大圈，d1，e8，c6 三个角格也形成一个绕顶点 CDE 的大圈，即绕顶点 CDE 的大圈有两个。如果 d8，e1，c3 中填入的是相同的数字 a，则 a 为顶点 CDE 的大圈数。同理，如果 d1，e8，c6 中填入的是相同

的数字 b，则 b 为顶点 CDE 的大圈数。

d4，e5，c7 三个边格形成一个绕顶点 CDE 的小圈，d7，e2，c5 三个边格也形成一个绕顶点 CDE 的小圈，即绕顶点 CDE 的小圈有两个。如果 d4，e5，c7 中填入的是相同的数字 a，则 a 为顶点 CDE 的小圈数。同理，如果 d7，e2，c5 中填入的是相同的数字 b，则 b 为顶点 CDE 的小圈数。

顶点 CDE 相关的三个面（面 C，面 D，面 E）与顶点 ABF 相关的三个面（面 A，面 B，面 F）完全不同，则顶点 CDE 与顶点 ABF 互称为对顶点。

总之，对任一顶点，其必有两个大圈，两个小圈，一个对顶点。

技巧 4.1　数字 a 必是某个顶点的大圈数，必是某个顶点的小圈数。其中 a = 1，2，⋯，8。

4.1.1　落在角格上的数字 a 必是某个顶点的大圈数；数字 a 共落在三个角格上，并构成同一顶点的大圈数。其中 a = 1，2，⋯，8。

例：

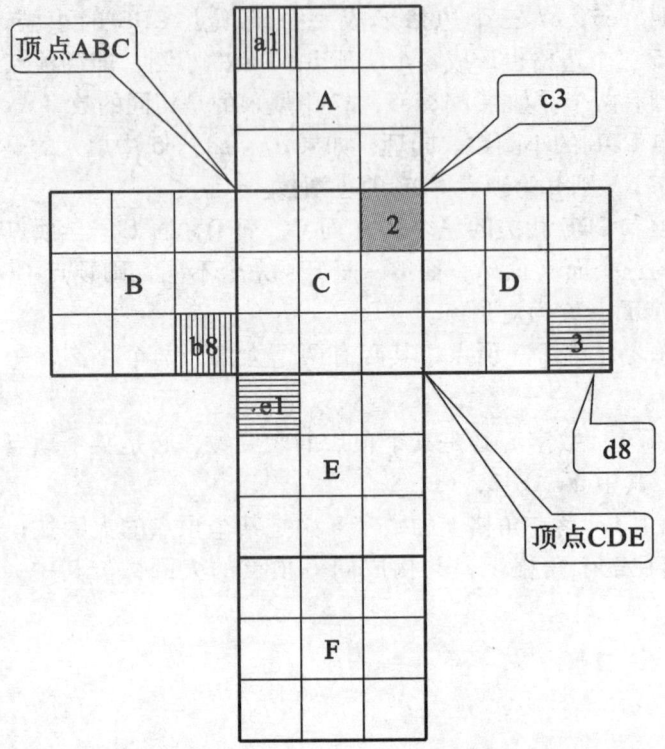

如上图，落在角格 c3 上的数字 2 必是某个顶点的大圈数。

c3 只能和 d8，e1 形成顶点 CDE 的大圈数，或和 a1，b8 形成顶点 ABC 的大圈数。

由于 d8 已有数字 3，c3，d8，e1 已形不成大圈数，故 c3，a1，b8 形成大圈数，a1，b8 处必是数字 2。数字 2 共落在 c3，a1，b8 三个角格上，则该图其他所有角格都不为数字 2。

4.1.2 落在边格上的数字 a 必是某个顶点的小圈数；数字 a 共落在三个边格上，并构成同一顶点的小圈数。其中 a = 1，2，…，8。

例：

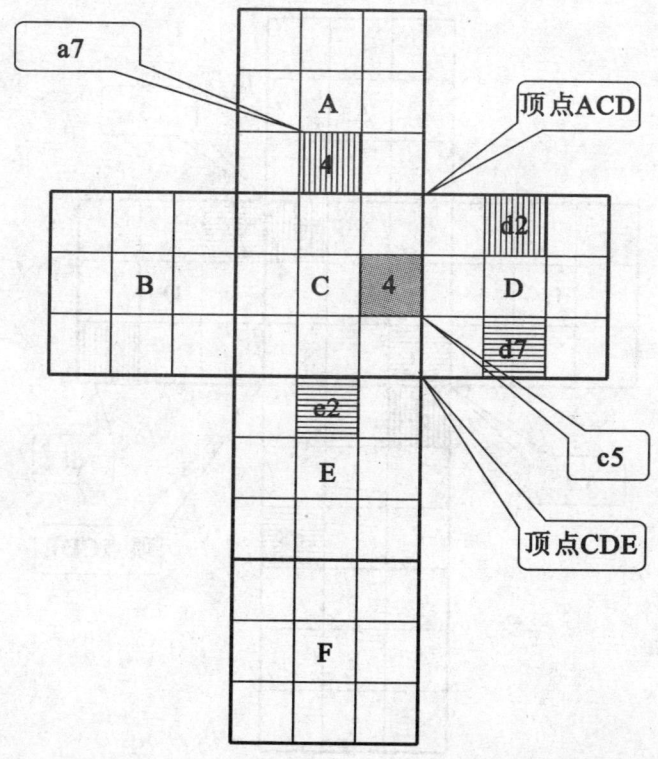

如上图，落在边格 c5 上的数字 4 必是某个顶点的小圈数。

c5 只能和 d2，a7 形成顶点 ACD 的小圈数，或和 e2，d7 形成顶点 CDE 的小圈数。

由于 a7 已有数字 4，则 c5，a7，d2 构成同一顶点的小圈数，d2 必为 4；而 d7，e2 则不与 c5 构成小圈数，d7，e2 不能为 4，数字 4 共落在 c5，a7，d2 三个边格上，则该图其他所有边格都不为数字 4。

技巧 4.2 任一顶点的大圈数有且只有一个，任一顶点的小圈数有且只有一个。

4.2.1 任一顶点的大圈数有且只有一个。

例：

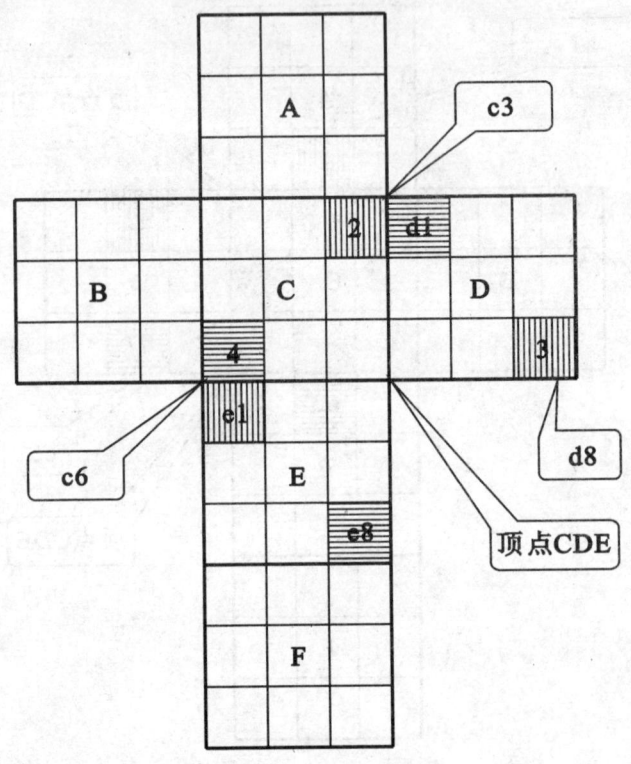

如上图，顶点 CDE 的大圈为 c3，d8，e1 和 c6，d1，e8。c3 为 2，而 d8 为 3，因此 c3，d8，e1 形不成大圈数。

而顶点 CDE 的大圈数有且只有一个，故 c6，d1，e8 形成大圈数，c6 为 4，则 d1，e8 也为 4。

4.2.2 任一顶点的小圈数有且只有一个。

例：

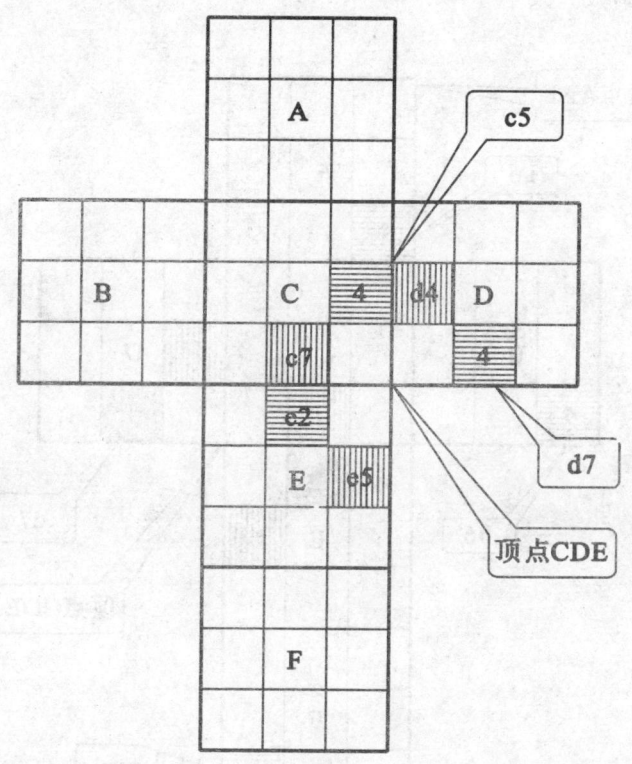

如上图，顶点 CDE 的小圈为 c5，d7，e2 和 c7，d4，e5。

c5 为 4，而 d7 为 4，因此 c5，d7，e2 形成小圈数，e2 也为 4。

而顶点 CDE 的小圈数有且只有一个，故 c7，d4，e5 形不成小圈数，三者的数字互不相同，且都不为 4。

技巧4.3 某个顶点的大圈数也是其对顶点的小圈数。

4.3.1 数字 a 是某个顶点的大圈数，则数字 a 也是其对顶点的小圈数。其中 a = 1，2，…，8。

例：

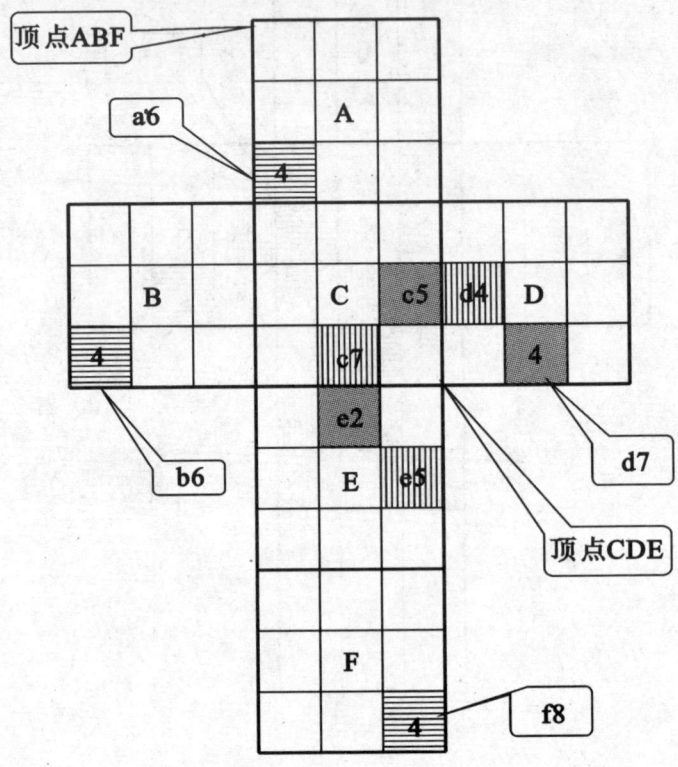

如上图，数字 4 是顶点 ABF 的大圈数，则数字 4 也是其对顶点即顶点 CDE 的小圈数。

顶点 CDE 的小圈为 c5，d7，e2 和 c7，d4，e5。

d7 为 4，而顶点 CDE 的小圈数有且只有一个，故 c5，d7，e2 形成小圈数，c5，e2 也为 4。

4.3.2 数字 a 是某个顶点的小圈数,则数字 a 也是其对顶点的大圈数。其中 a = 1, 2, ⋯, 8。

例:

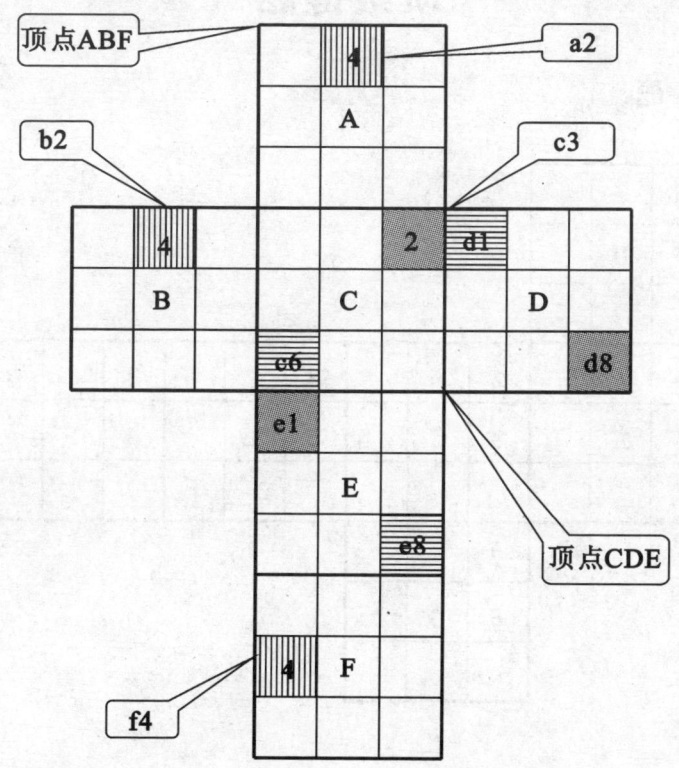

如上图,数字 4 是顶点 ABF 的小圈数,则数字 4 也是其对顶点即顶点 CDE 的大圈数。

顶点 CDE 的大圈为 c3, d8, e1 和 c6, d1, e8。

c3 为 2, 因此 c3, d8, e1 形不成大圈数;而顶点 CDE 的大圈数有且只有一个,故 c6, d1, e8 形成大圈数, c6, d1, e8 为 4。

关于顶级技巧的证明可参考网站 www.jingor.com。

顶级谜题

第53题：

5								
7	B							
4			2		8		3	
6	A		8	C	5	E	4	F
			7					
			6	D				

第 54 题：

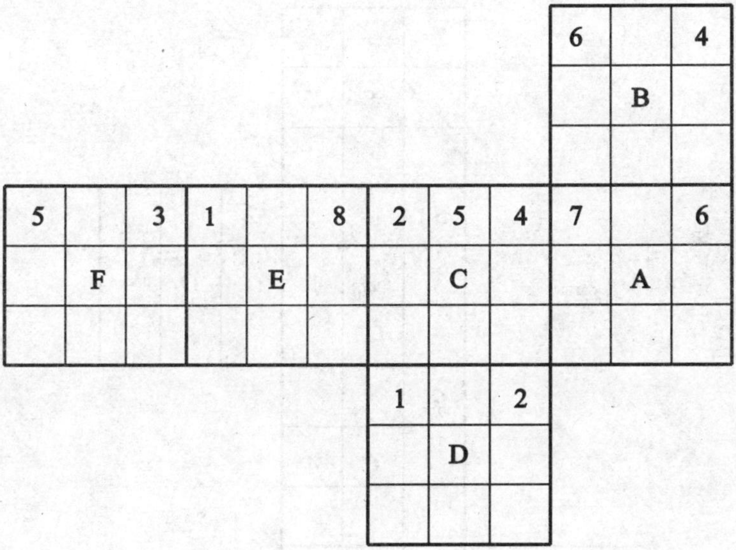

					6		4
						B	

5		3	1		8	2	5	4	7		6
	F			E			C			A	

	1		2
		D	

第55题：

			2		
				F	3
			5			2		
				E	8		D	4
			6		
				C	4
3			1		
	B	6		A	7

第56题:

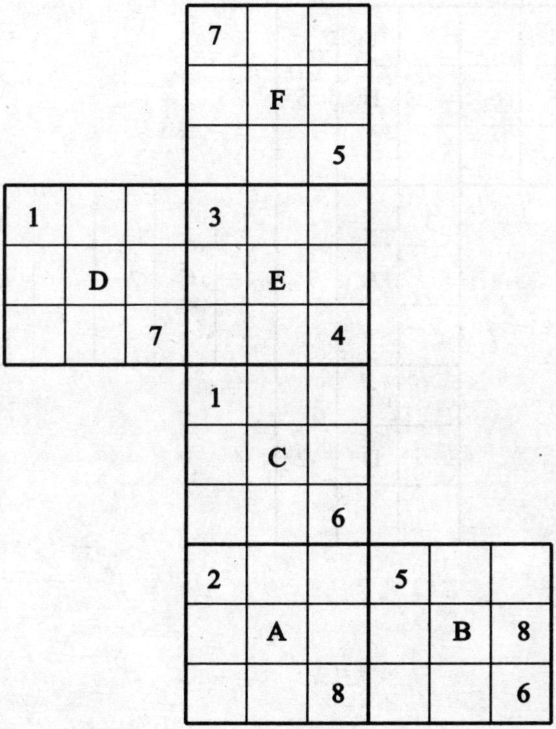

			7					
				F				
					5			
1			3					
	D			E				
		7			4			
			1					
				C				
					6			
			2			5		
				A			B	8
					8			6

第 57 题：

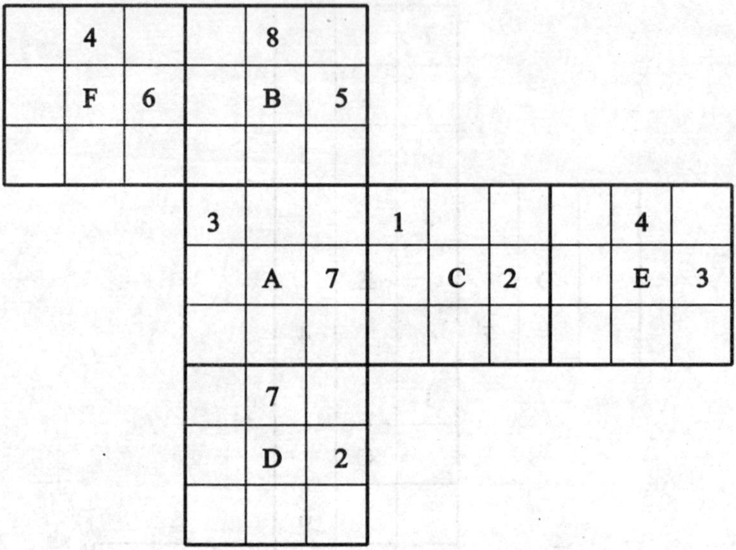

	4			8				
	F	6		B	5			

	3			1			4	
		A	7		C	2		E	3

	7	
	D	2

第58题：

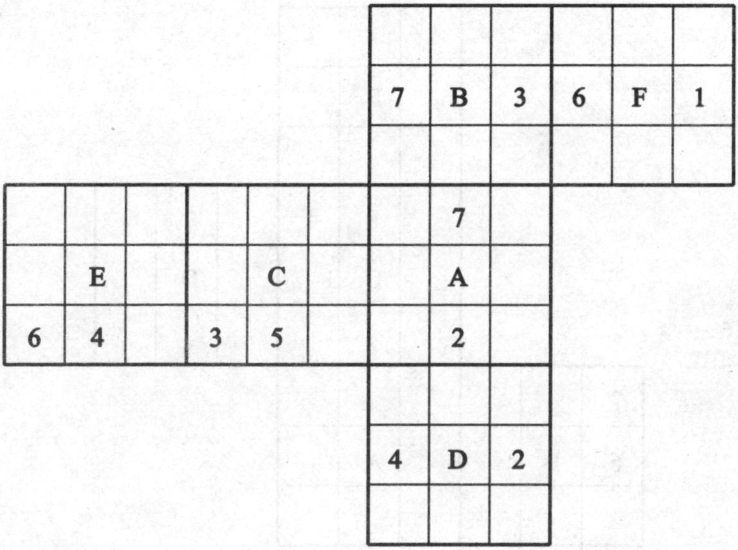

7	B	3	6	F	1

						7		
	E			C		A		
6	4		3	5		2		

4	D	2

第 59 题：

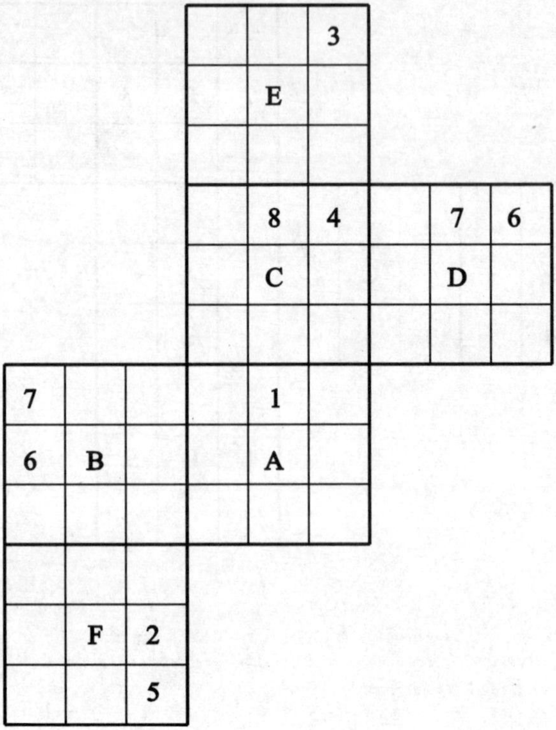

第 60 题：

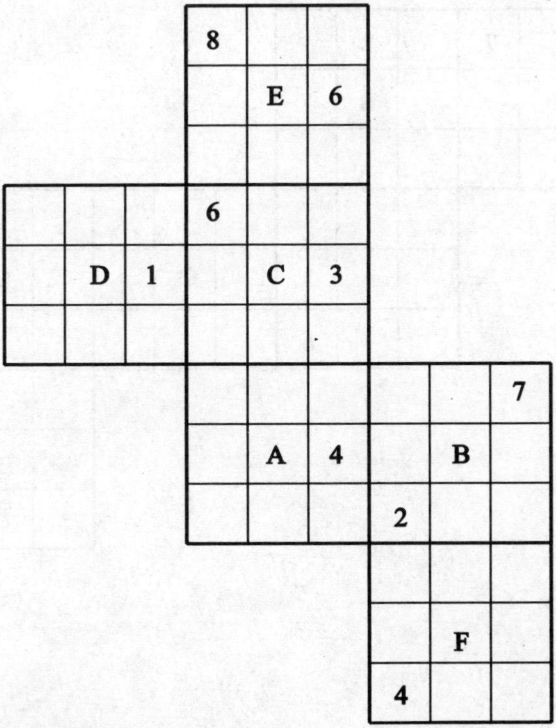

第61题：

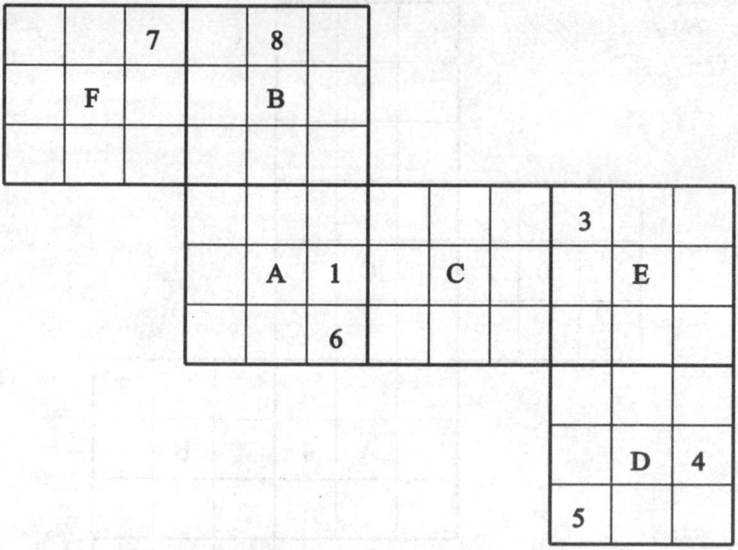

第 62 题：

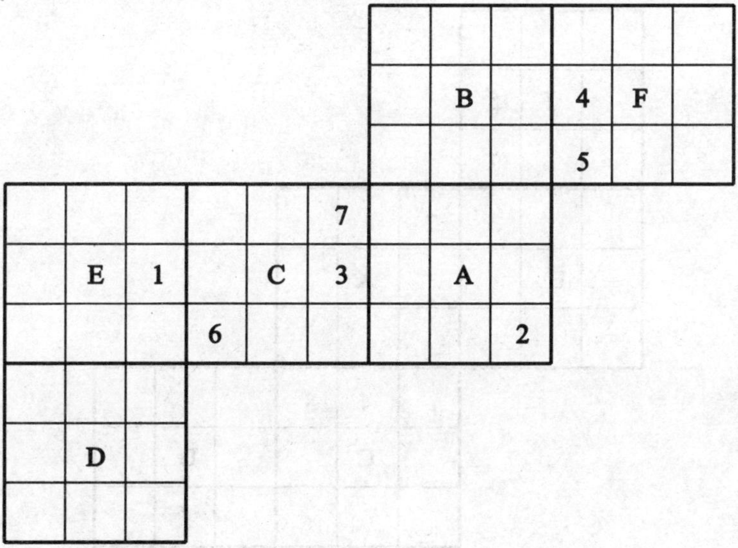

第 63 题：

	F	5						
		7						
		3	2					
	B			A				
				4	8			1
				C			D	
							E	

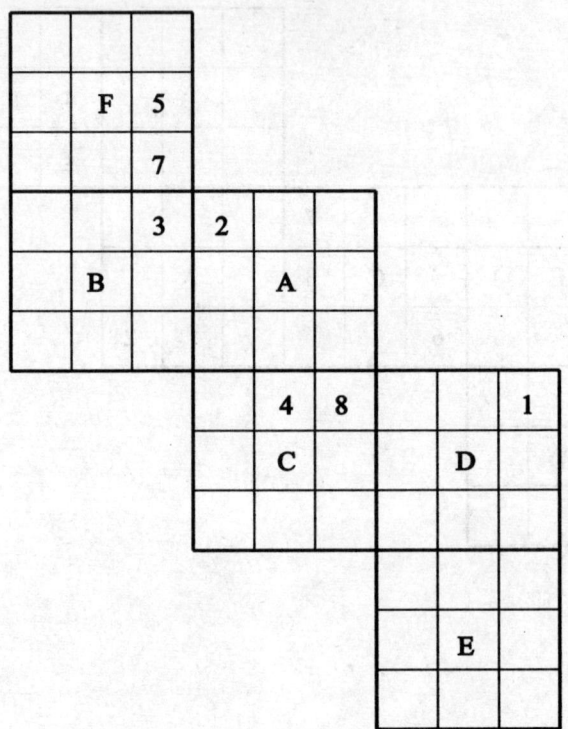

第64题：

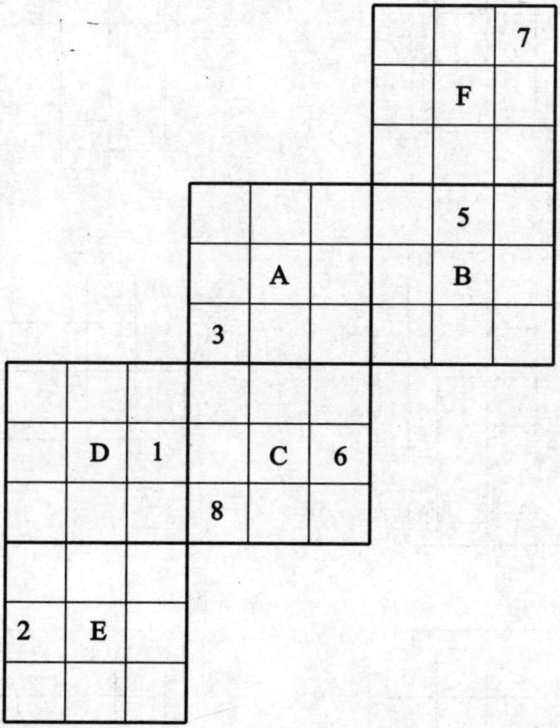

答 案

找对应棱

第 1 题

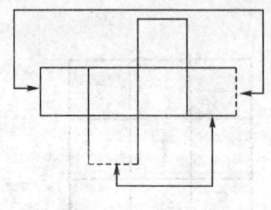

第 2 题

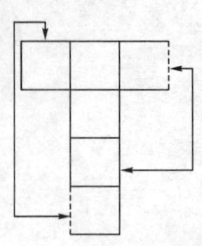

第 3 题

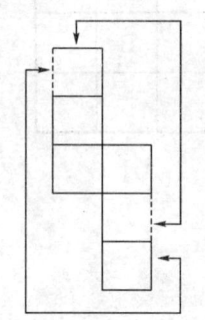

第 4 题

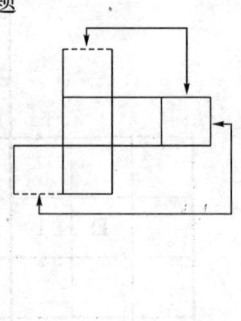

第 5 题

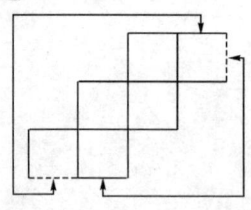

第 6 题

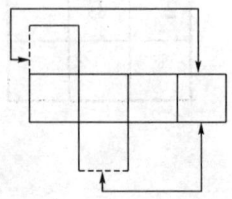

第 7 题

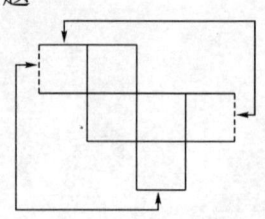

第 8 题

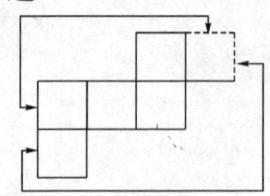

连数字

第1题
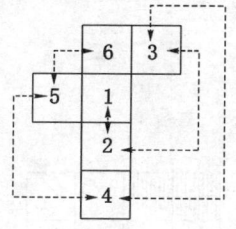

第2题
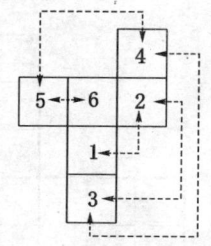

第3题
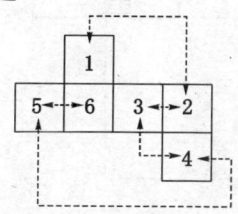

第4题
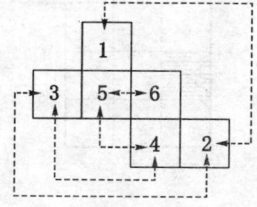

第5题
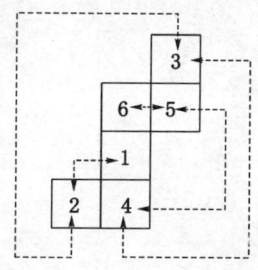

第6题
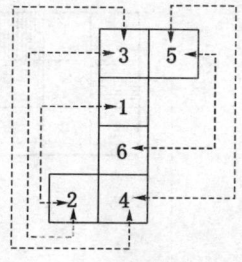

第7题
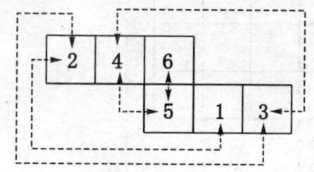

第8题
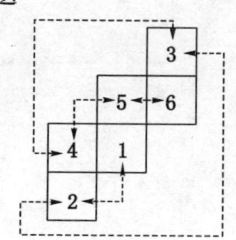

DAAN 答案

找对应格

第 1 题

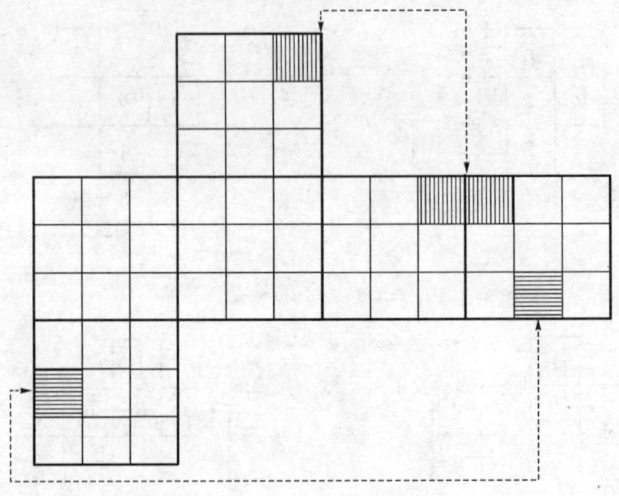

第 2 题

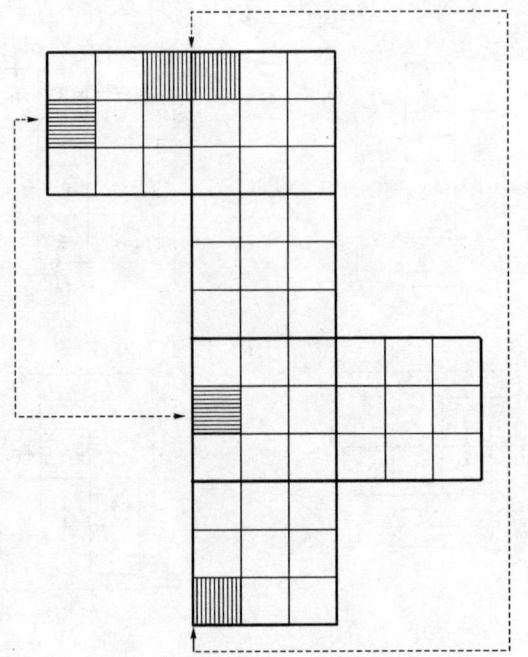

第 3 题

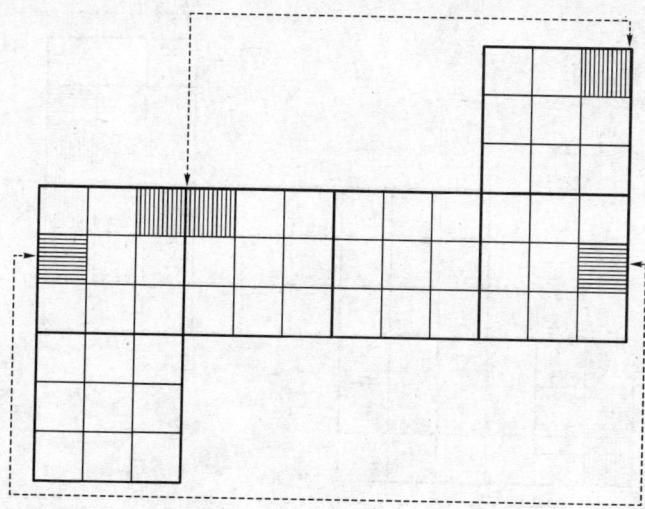

第 4 题

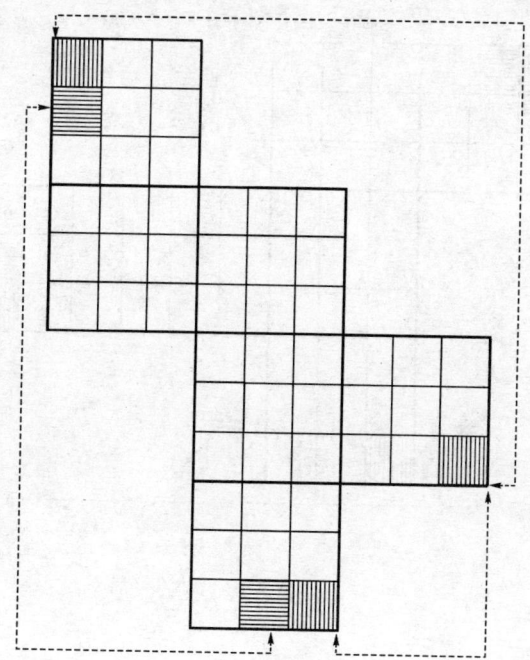

DAAN
答案

第 5 题

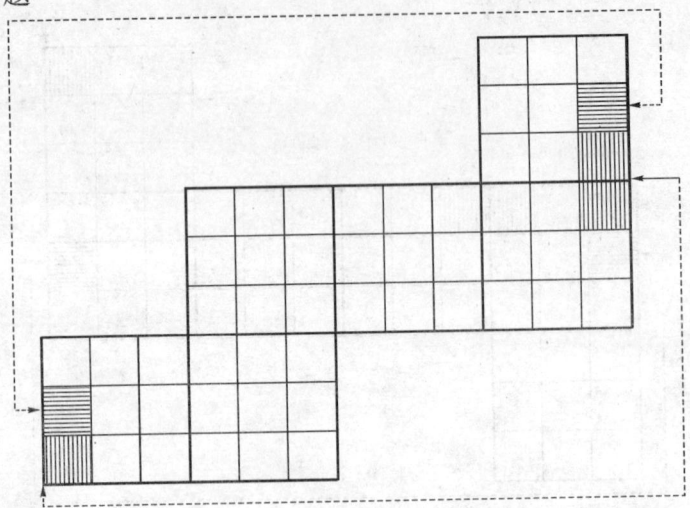

第 6 题

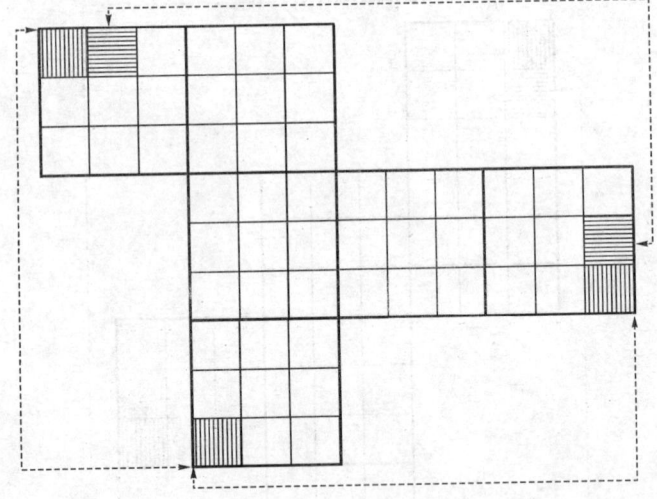

第 7 题

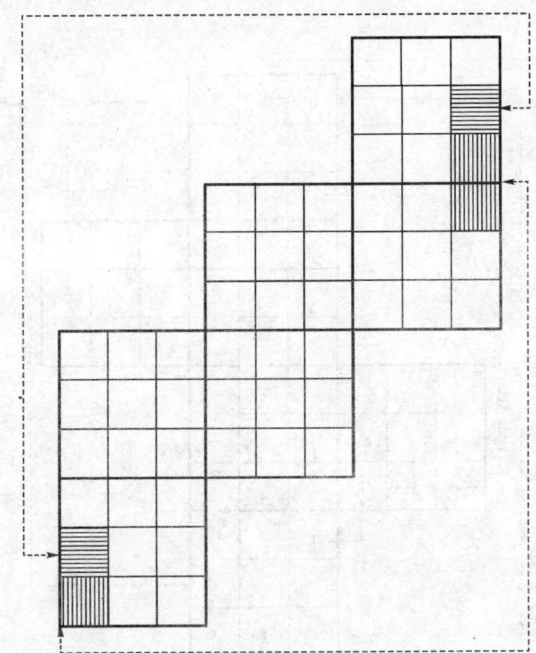

第 8 题

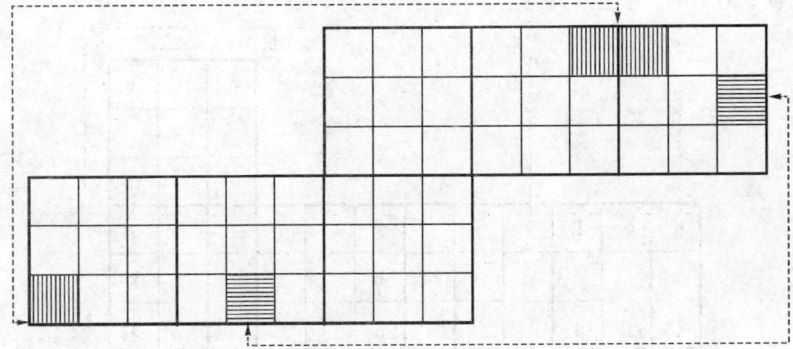

连字母

第 1 题

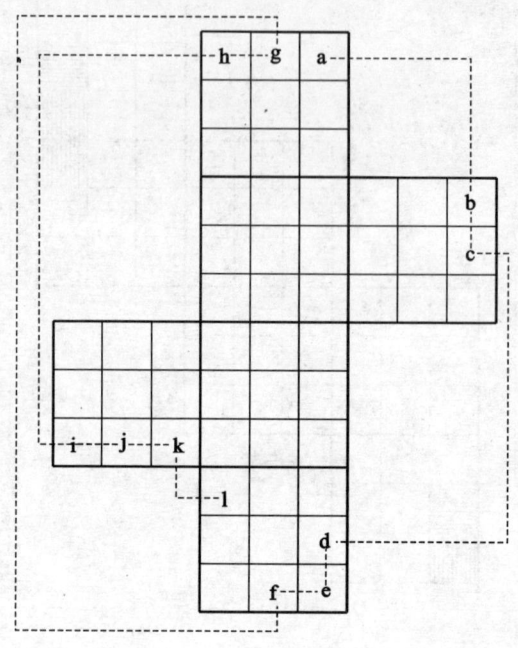

第 2 题

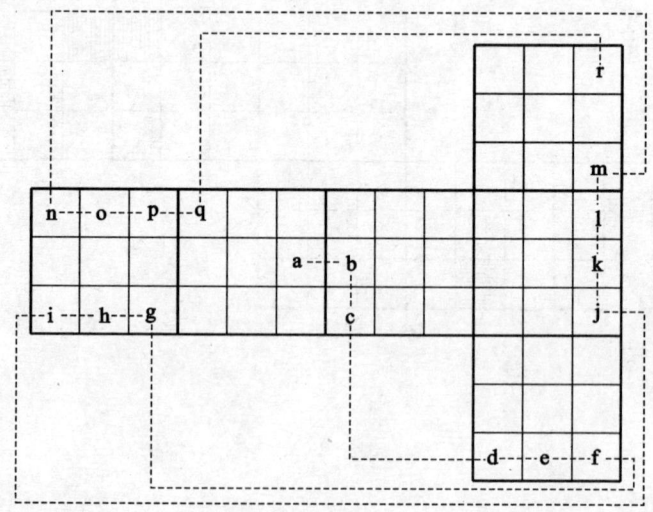

第 3 题

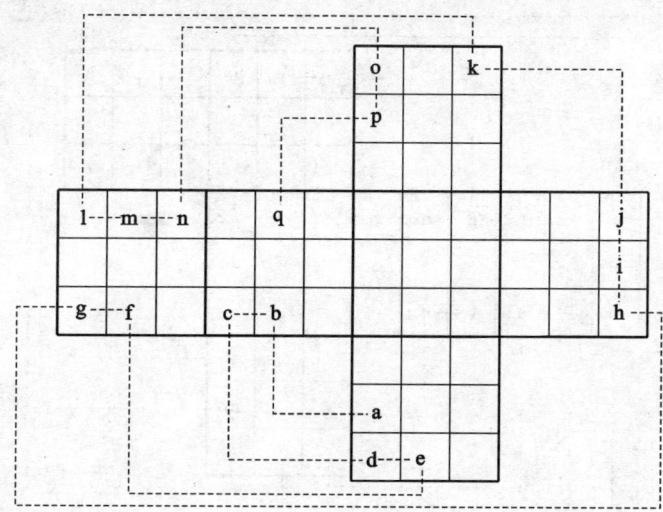

第 4 题

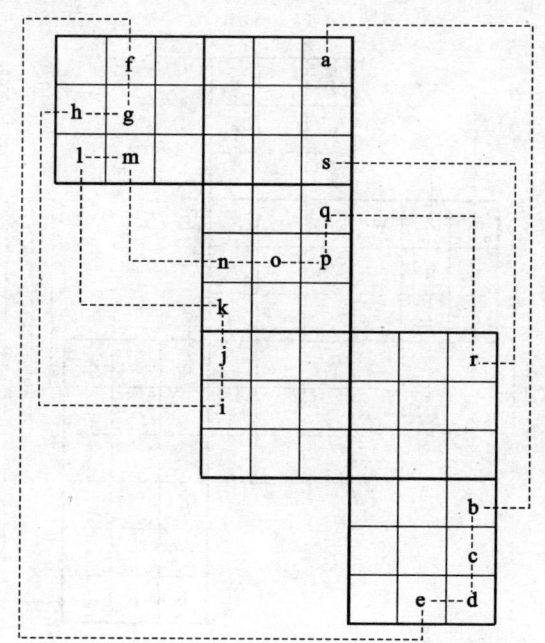

DAAN
答案

第 5 题

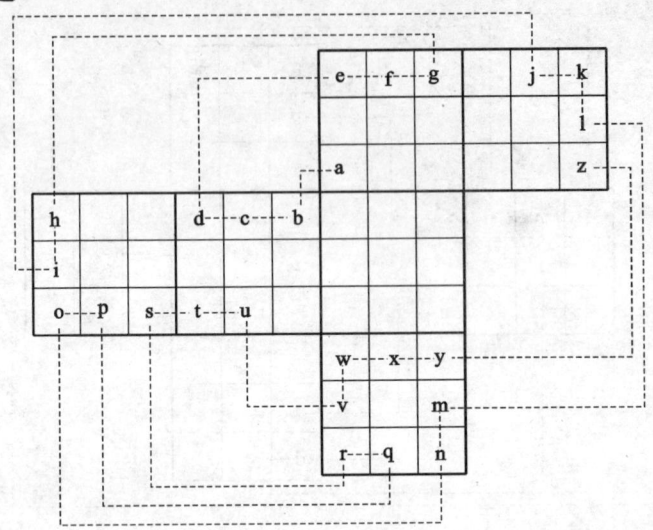

第 6 题

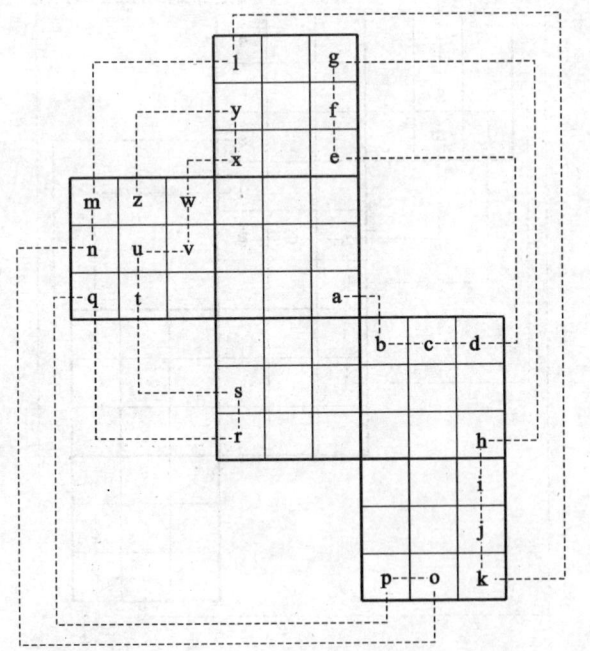

第 7 题

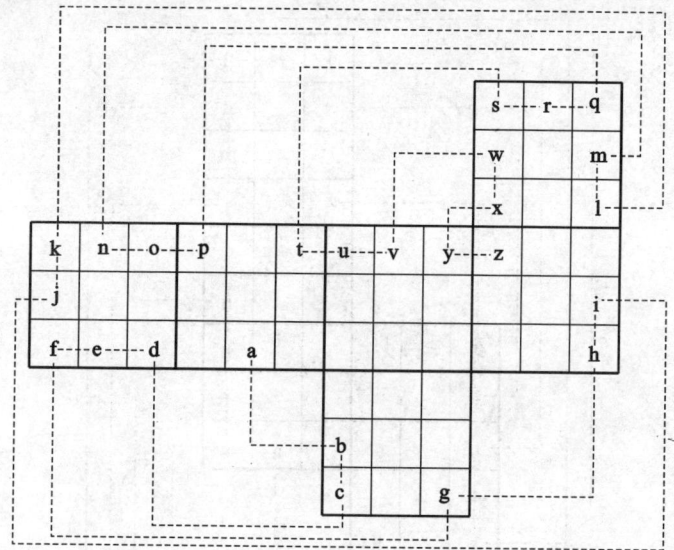

第 8 题

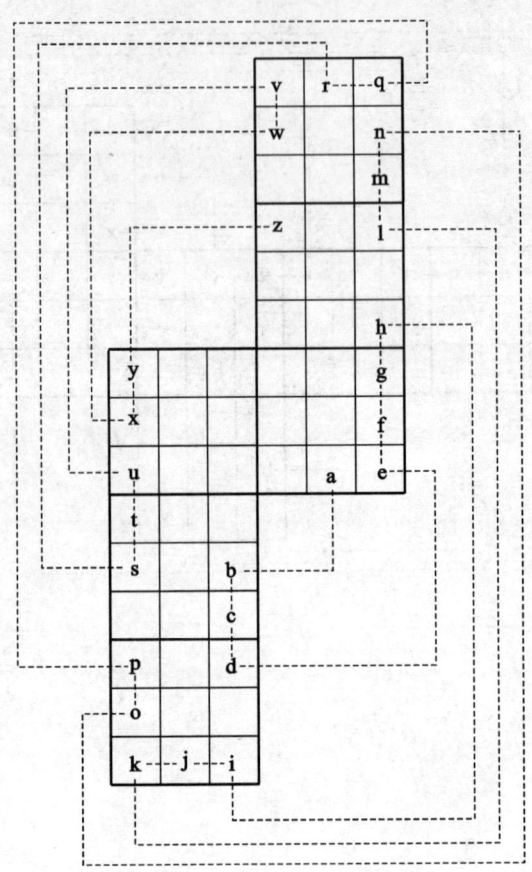

数形骰子

第 1 题

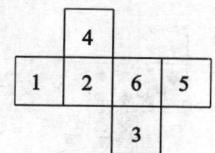

第 2 题

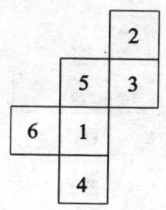

第 3 题

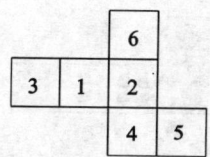

第 4 题

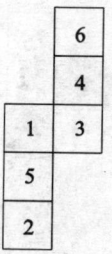

第 5 题

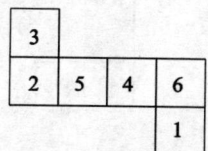

第 6 题

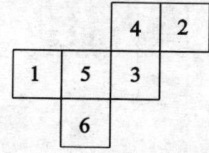

第 7 题

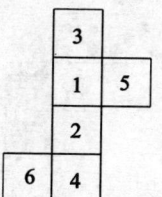

第 8 题

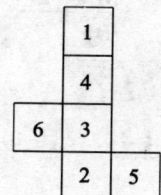

DAAN
答案

点形骰子

第 1 题

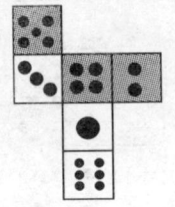

第 2 题

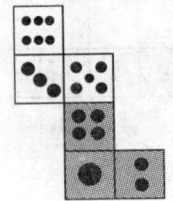

第 3 题

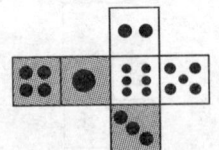

第 4 题

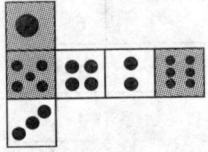

第 5 题

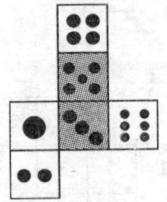

第 6 题

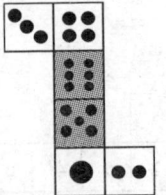

第 7 题

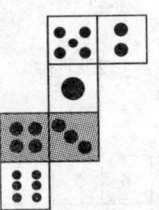

第 8 题

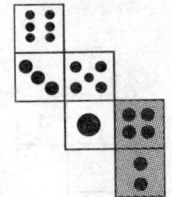

知雷标数

第 1 题

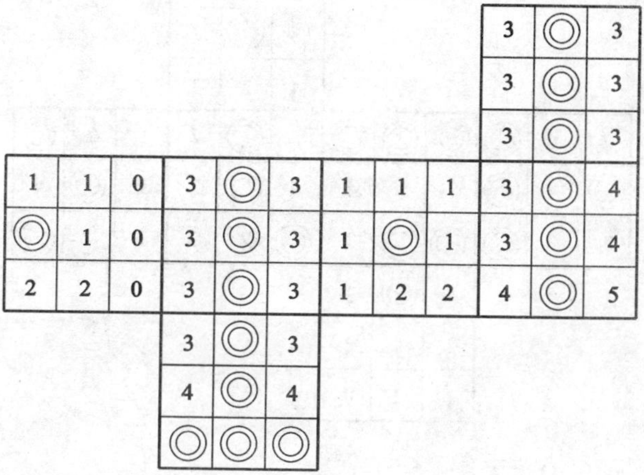

								3	○	3
								3	○	3
								3	○	3
1	1	0	3	○	3	1	1	3	○	4
○	1	0	3	○	3	1	○	1	3	○	4
2	2	0	3	○	3	1	2	2	4	○	5
			3	○	3					
			4	○	4					
			○	○	○					

第 2 题

1	1	1	2	2	3			
2	○	3	3	○	2			
2	2	○	○	3	2			
			3	○	2	1	1	○
			1	2	○	2	2	2
			1	2	1	2	○	1
			○	2	2			
			2	○	2			
			2	2	3			
			1	○	1			
			2	2	3			
			1	○	2			

167

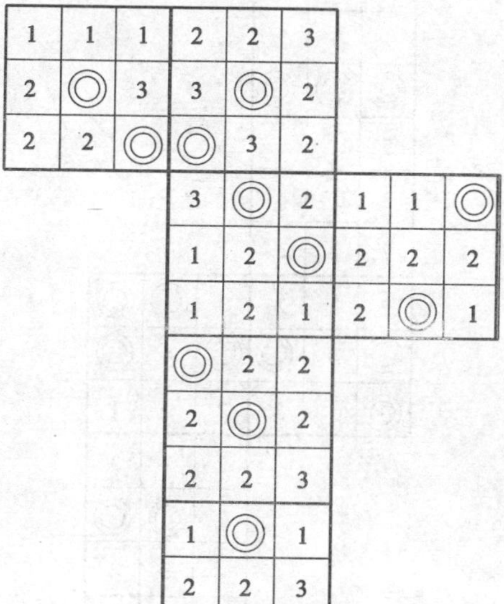

第 3 题

						◎	3	2			
						5	◎	2			
						4	2	2			
2	4	◎	◎	◎	◎	3	◎	2	1	2	◎
◎	4	◎	7	5	4	4	◎	2	1	◎	4
2	3	◎	◎	◎	3	◎	2	1	1	2	◎
			4	◎	3						
			2	1	2						
			1	1	0						

第 4 题

3	◎	3			
4	4	5			
◎	◎	◎			
5	◎	6			
3	◎	4			
2	1	2			
2	2	2	3	◎	◎
◎	4	◎	◎	4	◎
◎	◎	3	2	2	1
			2	2	3
			3	◎	◎
			4	3	4
			4	◎	2
			◎	4	◎
			3	◎	3

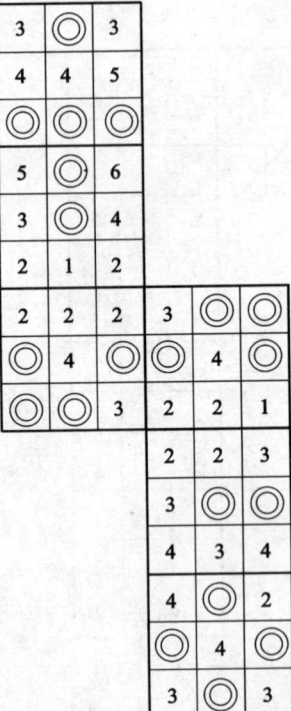

第 5 题

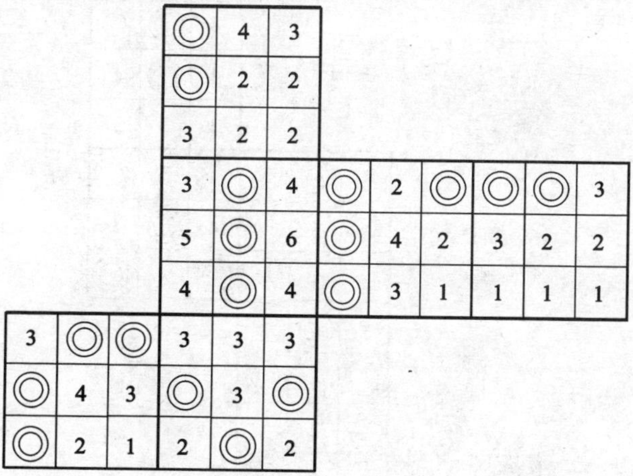

第 6 题

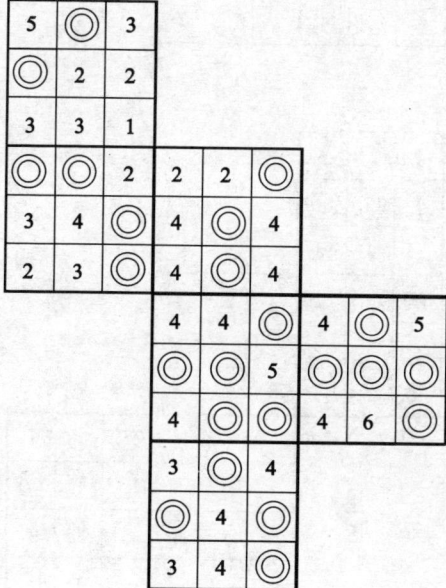

第 7 题

						4	◎	◎
						3	◎	4
						3	3	3
			2	◎	3	◎	3	◎
			◎	3	◎	4	◎	4
			2	3	3	◎	4	◎
			3	◎	3			
			◎	4	◎			
			◎	4	3			
4	◎	4	1	2	◎			
4	◎	3	1	2	4			
4	◎	4	2	◎	2			

第 8 题

4	◎	5						
4	◎	◎						
◎	4	3						
4	◎	2	2	3	◎			
◎	3	3	◎	2	3			
3	3	◎	3	2	2			
			◎	2	3	◎	◎	4
			3	◎	3	◎	4	◎
			3	3	3	1	3	3
						1	2	◎
						◎	4	3
						◎	◎	3

知数标雷

第 1 题

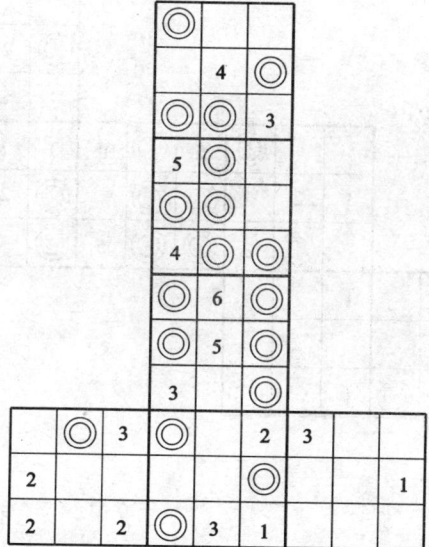

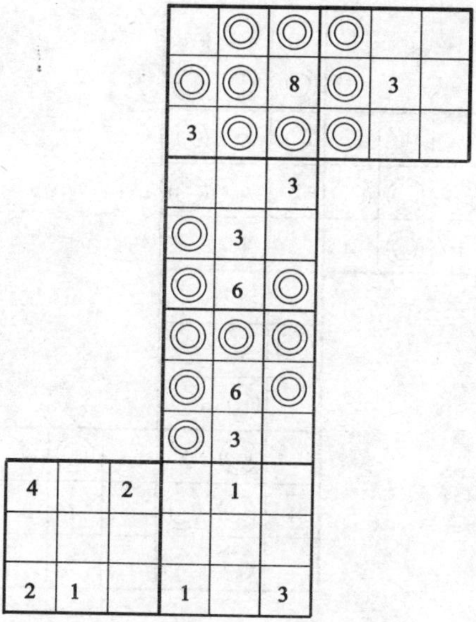

第 2 题

DAAN
答案

第3题

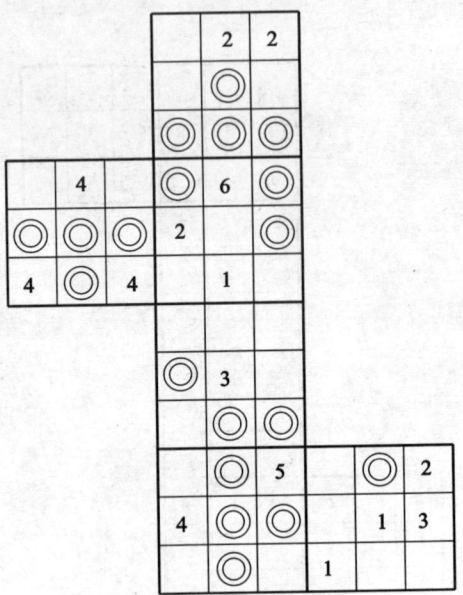

第4题

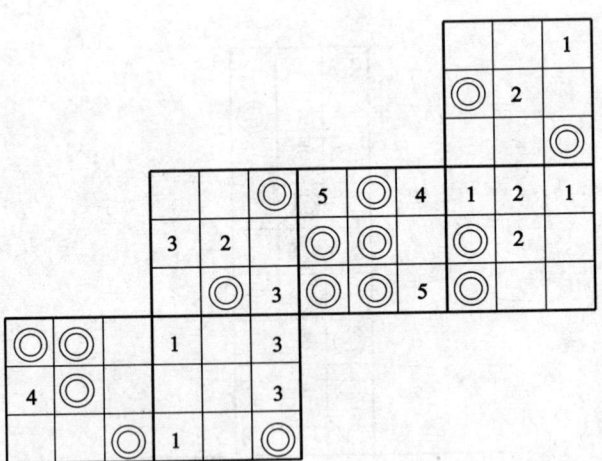

第 5 题

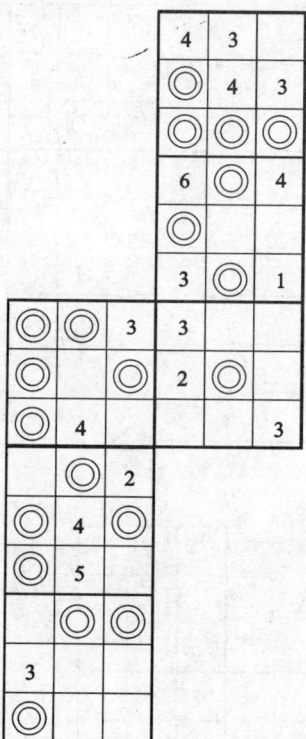

第 6 题

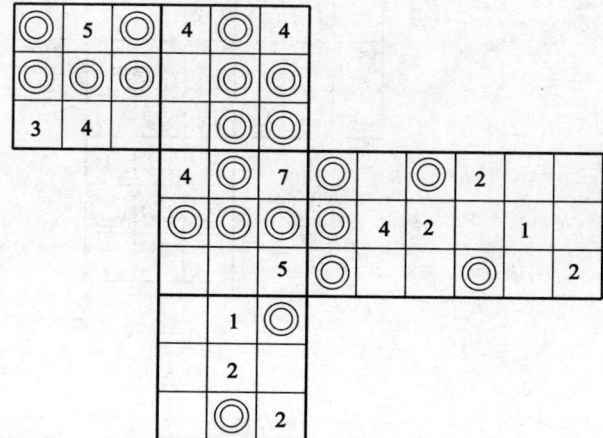

DAAN
答案

第 7 题

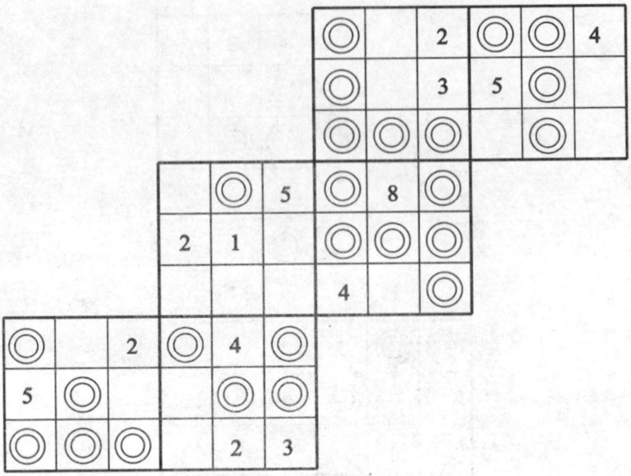

第 8 题

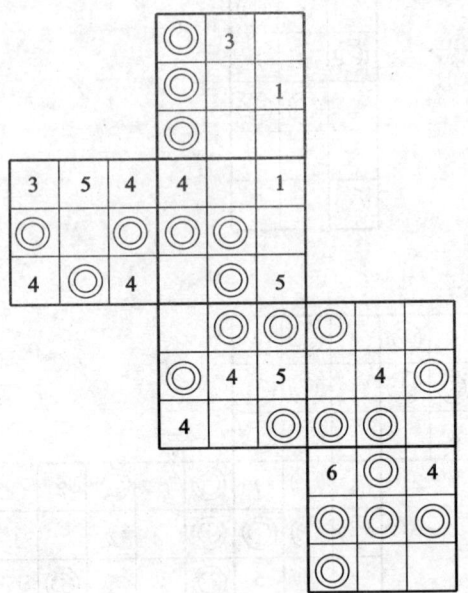

智晶数独

第 1 题

			6	7	2		
			5	A	4		
			3	1	8		
1	7	2	4	5	6	7	1	3
3	B	5	8	C	1	2	D	4
4	8	6	7	2	3	5	6	8
			1	8	4		
			3	E	2		
			5	6	7		
			2	3	1		
			7	F	6		
			8	4	5		

第 2 题

			4	6	7		
			3	F	1		
			2	5	8		
			7	1	3		
			5	E	2		
			8	4	6		
6	4	1	3	2	5	7	1	4
5	D	7	4	C	8	2	B	6
8	3	2	6	7	1	3	8	5
			5	8	4		
			7	A	6		
			1	3	2		

第 3 题

						7	3	4			
						2	B	6			
						5	1	8			
5	6	8	1	3	6	4	2	7	3	1	2
7	F	3	4	E	2	8	C	1	5	A	6
1	4	2	5	8	7	3	5	6	4	7	8
			6	4	1						
			7	D	8						
			3	5	2						

第 4 题

			4	3	2						
			1	D	7						
			6	5	8						
8	3	2	7	1	3	4	5	6	1	7	5
6	F	1	4	E	5	2	C	7	8	A	3
7	4	5	8	2	6	1	8	3	4	6	2
						7	2	5			
						4	B	8			
						3	6	1			

第 5 题

5	1	4	6	8	7	1	5	8
6	B	8	2	A	5	3	D	4
3	2	7	1	3	4	6	7	2
			5	2	8			
			6	C	3			
			4	7	1			
			8	6	5			
			1	E	7			
			2	4	3			
			7	1	6			
			8	F	4			
			3	5	2			

第 6 题

			2	7	3			
			5	F	1			
			8	6	4			
			3	5	2			
			4	E	6			
			7	8	1			
			6	4	5			
			3	C	8			
			1	2	7			
2	4	8	5	3	6	4	2	3
5	D	3	7	A	2	1	B	8
1	7	6	4	1	8	5	6	7

DAAN
答案

第 7 题

			2	6	7						
			5	D	3						
			4	8	1						
1	8	7	6	3	5	2	6	4	8	5	3
5	A	2	8	C	7	3	E	1	6	F	4
6	4	3	1	2	4	8	7	5	2	1	7
8	2	5									
4	B	7									
3	1	6									

第 8 题

						7	6	1			
						8	D	4			
						5	2	3			
8	4	3	2	6	1	4	8	7	6	2	5
7	F	6	5	E	8	3	C	2	1	A	4
2	5	1	4	3	7	6	1	5	8	7	3
									4	1	6
									3	B	7
									2	5	8

第 9 题

6	8	1	2	7	8
3	B	7	4	A	5
2	4	5	6	1	3
			8	4	2
			3	C	1
			7	6	5

1	3	4	8	6	7
8	E	6	2	D	1
5	2	7	3	5	4
4	8	1			
7	F	2			
3	5	6			

第 10 题

4	7	2	5	8	3
3	A	1	7	B	6
6	5	8	4	1	2
2	1	3			
5	C	6			
8	4	7			

7	4	1	3	6	5
5	D	2	4	E	8
8	3	6	7	2	1
			5	8	4
			2	F	7
			1	3	6

第 11 题

									1	3	5
									6	D	7
									2	8	4
1	8	2	6	7	8	4	3	5	7	6	3
5	A	7	4	C	3	2	E	6	1	F	8
6	4	3	1	2	5	7	1	8	4	5	2
7	5	8									
1	B	4									
3	2	6									

第 12 题

2	1	8									
7	B	6									
3	4	5									
6	7	2	1	4	3	7	6	5	4	1	8
5	A	4	8	C	6	2	E	1	3	F	7
1	8	3	7	2	5	4	3	8	6	5	2
									7	3	4
									2	D	5
									1	8	6

第13题

8	1	2
3	D	6
5	4	7
6	3	1
8	F	4
7	2	5

1	8	6	3	2	8
5	B	2	7	A	4
3	7	4	1	6	5

8	7	3
5	C	6
2	1	4
6	5	7
8	E	1
4	3	2

第14题

6	3	4
7	D	2
1	8	5
4	7	6
5	F	8
3	1	2

2	7	6	8	5	7
3	A	5	4	B	1
8	4	1	2	6	3

5	3	7
2	C	4
1	6	8
7	2	5
8	E	6
3	1	4

DAAN
答案

第 15 题

			2	6	8					
			1	D	3					
			4	7	5					
			8	3	2	1	6	7	4	1	5
			7	A	4	3	C	2	6	E	8
			1	5	6	8	4	5	3	2	7
6	5	2	3	4	7					
7	F	8	5	B	2					
3	1	4	6	8	1					

第 16 题

						5	8	2			
						7	D	6			
						1	4	3			
1	6	4	3	8	6	2	7	8			
3	E	8	2	C	7	5	A	4			
5	2	7	1	5	4	3	1	6			
						8	5	7	2	1	5
						2	B	1	3	F	4
						6	3	4	8	6	7

第 17 题

4	6	2						
3	F	7						
5	8	1						
7	3	4	6	8	5			
1	B	8	2	A	7			
6	2	5	3	4	1			
			7	2	6	8	4	3
			1	C	4	5	D	7
			8	5	3	2	6	1
			4	1	7			
			3	E	5			
			2	6	8			

第 18 题

						8	7	3
						5	F	4
						1	2	6
			4	2	3	7	4	8
			5	A	6	2	B	3
			7	1	8	5	6	1
6	1	3	2	6	4			
5	D	8	1	C	3			
2	7	4	5	8	7			
			6	3	2			
			8	E	4			
			1	7	5			

DAAN
答案

第 19 题

						8	6	3
						2	D	7
						5	1	4
		2	7	1	4	6	3	7	2	6

2	7	1	4	6	3	7	2	6
4	A	6	5	C	2	8	E	1
8	5	3	7	8	1	4	3	5

5	7	6	1	4	2
1	F	4	3	B	5
8	3	2	7	8	6

第 20 题

4	8	2
1	D	6
3	7	5

2	6	4	1	8	7	3	1	5
7	E	3	6	C	4	8	A	2
1	5	8	2	3	5	6	4	7

1	2	8	3	1	6
4	B	5	2	F	7
7	3	6	4	5	8

第21题

2	6	4	3	8	7			
7	B	5	6	A	4			
3	1	8	2	5	1			
			7	4	3	6	8	5
			5	C	2	4	D	3
			6	1	8	7	2	1
			4	2	5			
			1	E	3			
			8	7	6			
			5	3	4			
			7	F	8			
			1	6	2			

第22题

			6	5	4	2	8	5
			1	A	8	7	B	3
			2	7	3	6	4	1
3	5	4	8	1	5			
2	D	1	6	C	7			
8	6	7	3	4	2			
			5	6	8			
			2	E	4			
			1	3	7			
			4	2	6			
			5	F	3			
			7	8	1			

第 23 题

						1	3	8			
						5	D	6			
						7	4	2			
4	5	2	6	4	8	3	6	1	5	3	7
3	A	7	5	C	2	4	E	8	6	F	1
6	1	8	3	7	1	5	2	7	4	8	2
5	7	4									
1	B	2									
3	8	6									

第 24 题

			8	3	4						
			6	D	2						
			1	7	5						
7	3	4	2	6	8	3	7	1	6	2	5
1	F	6	5	E	7	4	C	2	8	A	3
2	5	8	3	4	1	6	8	5	7	1	4
									3	8	6
									4	B	1
									2	5	7

第 25 题

1	5	3					
4	F	2					
8	6	7					
3	2	4	1	5	6	8	4	2
6	B	8	2	A	7	5	D	3
7	1	5	3	8	4	1	7	6
			6	7	2
			8	C	3
			4	1	5
			2	3	8
			1	E	4
			5	6	7

第 26 题

						7	6	1
						3	F	5
						4	2	8
3	5	8	2	6	1	5	3	7
7	D	6	4	A	3	8	B	2
2	4	1	5	8	7	6	1	4
			3	4	2
			7	C	8
			6	1	5
			8	7	3
			5	E	1
			4	2	6

第 27 题

						5	3	1			
						7	D	2			
						6	4	8			
			8	3	1	2	7	3	5	4	6
			6	A	7	5	C	4	1	E	2
			2	5	4	8	1	6	7	8	3
4	3	1	7	6	3						
2	F	6	8	B	5						
7	8	5	4	1	2						

第 28 题

			4	6	5						
			1	D	2						
			3	8	7						
7	6	5	2	1	6	4	8	3			
3	E	1	4	C	8	5	A	2			
2	4	8	7	5	3	1	7	6			
						2	5	8	4	7	1
						4	B	7	3	F	2
						6	3	1	5	6	8

第 29 题

2	6	7					
3	F	8					
1	5	4					
8	3	6	2	5	1		
2	B	5	7	A	8		
4	7	1	3	4	6		
			8	7	5		
			2	C	4		
			6	1	3		
			5	2	8	7	1	2
			3	E	1	6	D	4
			7	6	4	5	8	3

第 30 题

						1	8	7
						5	F	4
						6	3	2
			4	3	8	7	4	1
			5	A	2	3	B	6
			6	7	1	5	2	8
			8	2	4			
			7	C	6			
			5	1	3			
3	1	4	2	6	7			
7	D	8	1	E	4			
2	5	6	3	8	5			

第 31 题

						8	5	6	2	8	3
						7	D	4	5	E	6
						2	1	3	7	4	1
			4	1	6	5	4	8			
			7	A	3	1	C	6			
			5	2	8	7	3	2			
3	2	6	1	3	4						
7	F	8	2	B	6						
1	5	4	7	8	5						

第 32 题

7	1	6	3	2	8						
3	E	2	4	D	7						
5	4	8	1	5	6						
			7	4	2	3	5	1			
			3	C	5	8	A	7			
			6	8	1	4	6	2			
						7	8	5	3	6	4
						3	B	6	1	F	7
						2	1	4	8	2	5

第 33 题

			8	6	3					
			1	D	2					
			4	5	7					
7	5	3	6	2	1	8	6	4	5	1	2
1	A	8	5	C	3	2	E	7	6	F	4
6	4	2	7	8	4	5	3	1	8	7	3
			1	3	6					
			8	B	7					
			5	4	2					

第 34 题

						6	8	4			
						1	B	7			
						5	2	3			
2	1	7	3	2	4	8	7	1	6	8	5
8	F	5	1	E	6	2	C	4	7	A	3
6	3	4	8	5	7	3	6	5	2	4	1
						1	4	8			
						6	D	3			
						2	5	7			

第35题

			1	4	7			
			8	A	6			
			2	5	3			
3	5	7	4	6	8			
8	B	1	5	C	7			
4	2	6	3	1	2			
			8	7	4	5	6	1
			1	E	3	7	D	4
			5	2	6	8	3	2
			7	3	1			
			2	F	4			
			6	8	5			

第36题

			5	4	2			
			1	A	3			
			6	7	8			
			2	3	5	1	4	7
			7	C	6	3	B	5
			1	8	4	2	6	8
4	8	5	3	6	7			
7	D	2	8	E	5			
3	1	6	4	2	1			
			7	5	3			
			2	F	4			
			8	1	6			

第 37 题

7	4	1							
5	D	8							
3	6	2							
4	8	7	5	4	3	6	5	2	8	6	1
6	A	1	8	C	7	4	E	3	5	F	2
5	2	3	6	1	2	8	7	1	4	3	7
8	1	4							
2	B	7							
6	3	5							

第 38 题

								5	2	3
								6	B	7
								8	1	4
2	1	8	6	7	4	1	2	3	7	6	5
3	F	7	5	E	2	8	C	6	4	A	1
6	5	4	1	8	3	7	4	5	2	3	8
								1	4	7
								8	D	3
								6	5	2

DAAN
答案

第 39 题

			5	6	8			
			1	F	7			
			2	3	4			
			8	7	5			
			3	E	2			
			1	4	6			
			7	2	3	8	7	1
			4	C	5	2	D	6
			6	8	1	4	5	3
5	8	2	3	5	7			
4	B	1	8	A	6			
6	3	7	4	1	2			

第 40 题

			6	7	5			
			1	F	4			
			2	8	3			
			4	1	6			
			3	E	8			
			7	5	2			
5	1	6	8	3	4			
7	D	3	2	C	5			
8	2	4	1	6	7			
			5	2	8	3	6	1
			7	A	6	4	B	5
			3	4	1	2	8	7

194

第 41 题

3	6	2								
8	B	1								
7	4	5								
6	1	3	8	6	7	4	8	5	1	4	2
4	A	2	1	C	3	6	E	7	8	F	5
8	5	7	4	2	5	1	3	2	6	7	3
						8	7	4			
						3	D	5			
						6	2	1			

第 42 题

									2	3	8
									5	B	4
									1	6	7
5	3	6	1	5	7	4	6	3	8	4	2
4	F	2	3	E	8	5	C	7	6	A	1
8	1	7	4	2	6	1	8	2	5	7	3
			5	8	3						
			2	D	7						
			6	1	4						

第43题

6	8	7	1	4	3			
1	B	4	2	A	6			
5	2	3	8	5	7			
			6	2	4			
			1	C	5			
			7	3	8			
			4	1	6			
			8	E	3			
			2	7	5			
			3	8	1	4	7	2
			4	F	7	6	D	3
			5	6	2	8	5	1

第44题

			8	1	7	3	6	1
			3	A	6	4	B	2
			5	4	2	8	5	7
			7	3	1			
			8	C	4			
			2	5	6			
			1	8	3			
			7	E	5			
			6	2	4			
4	8	5	3	7	8			
3	D	7	1	F	2			
6	1	2	4	6	5			

第 45 题

			8	5	7	1	3	5	6	4	3
			1	A	3	6	C	4	2	E	7
			2	6	4	8	2	7	1	8	5
2	3	6	4	5	3	7	1	5			
4	D	5	7	F	1	8	B	6			
8	7	1	2	8	6	4	2	3			

第 46 题

7	8	5	3	7	1	2	3	6			
2	D	4	8	F	5	7	B	1			
3	6	1	2	4	6	8	5	4			
			3	1	2	7	3	8	5	7	4
			5	A	6	1	C	2	3	E	8
			7	4	8	5	6	4	1	2	6

第47题

			3	8	6			
			1	E	2			
			4	7	5			
			6	1	3			
			5	C	7			
			8	4	2			
2	1	3	7	5	1	6	4	8
8	B	5	6	A	4	3	D	7
7	6	4	2	3	8	5	2	1
5	8	1						
2	F	6						
4	3	7						

第48题

			8	5	2			
			7	E	3			
			1	4	6			
			3	7	8			
			6	C	4			
			5	2	1			
2	7	8	4	6	3	7	2	5
5	D	6	1	A	2	8	B	4
4	1	3	7	8	5	6	3	1
						4	8	7
						1	F	3
						2	5	6

第 49 题

7	6	1	5	7	3						
8	F	2	6	B	4						
4	5	3	8	2	1						
			7	4	6	5	7	8	2	6	4
			2	A	3	4	C	1	7	E	8
			1	5	8	2	3	6	5	1	3
						7	1	4			
						3	D	8			
						6	5	2			

第 50 题

						4	8	5	3	2	7
						7	B	1	8	F	6
						6	3	2	4	1	5
6	7	1	2	3	8	5	1	7			
8	E	5	7	C	4	3	A	6			
4	2	3	6	5	1	2	4	8			
			8	4	7						
			5	D	6						
			1	2	3						

第 51 题

			1	3	6	7	2	8
			8	E	4	3	D	5
			5	7	2	1	4	6
			6	4	8			
			7	C	5			
			2	1	3			
3	1	4	8	5	7			
7	B	6	1	A	2			
2	8	5	3	6	4			
4	6	7						
8	F	2						
5	3	1						

第 52 题

5	8	7	2	5	1			
4	D	6	8	E	3			
3	2	1	4	6	7			
			5	3	8			
			6	C	1			
			7	2	4			
			8	1	5	6	3	2
			2	A	7	1	B	5
			6	4	3	8	7	4
						2	5	6
						7	F	8
						1	4	3

第 53 题

5	2	4								
7	B	1								
8	3	6								
4	7	5	2	3	7	8	1	6	3	2	1
6	A	3	8	C	1	5	E	2	4	F	7
2	8	1	4	5	6	3	4	7	8	6	5
			7	8	2					
			6	D	5					
			3	4	1					

第 54 题

							6	5	4
							1	B	7
							3	2	8
5	2	3	1	7	8	2	5	4	7	1	6
4	F	7	6	E	5	3	C	1	8	A	2
1	6	8	2	3	4	7	8	6	5	4	3
						1	3	2		
						6	D	8		
						5	4	7		

第 55 题

			2	7	5			
			6	F	3			
			8	1	4			
			5	3	6	2	7	1
			1	E	8	3	D	4
			4	2	7	5	8	6
			6	8	1			
			2	C	4			
			7	5	3			
3	5	8	1	4	2			
2	B	6	5	A	7			
7	1	4	3	6	8			

第 56 题

			7	6	3			
			2	F	4			
			8	1	5			
1	6	4	3	2	7			
3	D	2	5	E	1			
8	5	7	6	8	4			
			1	5	2			
			3	C	8			
			4	7	6			
			2	3	1	5	7	3
			6	A	7	4	B	8
			5	4	8	2	1	6

第 57 题

7	4	2	1	8	3			
3	F	6	4	B	5			
5	1	8	7	6	2			
			3	5	4	1	8	6	7	4	5

			3	5	4	1	8	6	7	4	5
			6	A	7	5	C	2	8	E	3
			2	1	8	3	7	4	1	2	6
			4	7	6
			1	D	2
			8	3	5

第 58 题

					1	8	2	4	3	5
					7	B	3	6	F	1
					4	6	5	8	2	7
7	3	5	6	8	2	3	7	1
1	E	8	4	C	7	5	A	6
6	4	2	3	5	1	8	2	4
						6	5	3
						4	D	2
						7	1	8

203

第59题

			5	7	3			
			4	E	8			
			1	6	2			
			3	8	4	5	7	6
			6	C	1	8	D	2
			2	5	7	3	1	4
7	5	8	4	1	6			
6	B	3	5	A	2			
2	4	1	7	3	8			
8	3	6						
4	F	2						
1	7	5						

第60题

			8	7	4			
			1	E	6			
			5	3	2			
3	7	4	6	1	8			
5	D	1	2	C	3			
6	2	8	7	4	5			
			3	2	6	1	4	7
			5	A	4	8	B	3
			1	8	7	2	6	5
						3	8	1
						5	F	6
						4	7	2

第 61 题

3	4	7	2	8	4			
2	F	8	5	B	6			
1	5	6	3	1	7			
			4	5	8	2	1	5	3	6	1
			2	A	1	3	C	6	7	E	8
			7	3	6	4	7	8	2	4	5
									1	7	6
									3	D	4
									5	2	8

第 62 题

						5	1	7	2	6	1
						3	B	6	4	F	8
						2	4	8	5	7	3
3	6	4	8	1	7	6	3	1
8	E	1	2	C	3	5	A	4
5	2	7	6	5	4	8	7	2
4	8	3
7	D	2
6	5	1

答案

第 63 题

2	3	4						
1	F	5						
6	8	7						
5	1	3	2	8	6			
2	B	8	4	A	5			
7	4	6	1	7	3			
			5	4	8	2	7	1
			2	C	7	6	D	5
			3	6	1	4	3	8
						5	6	7
						2	E	3
						8	1	4

第 64 题

						4	8	7
						5	F	3
						1	2	6
			2	8	7	3	5	4
			1	A	5	6	B	2
			3	6	4	8	7	1
6	8	7	5	1	2			
3	D	1	4	C	6			
5	4	2	8	7	3			
1	3	6						
2	E	4						
8	7	5						

智晶面

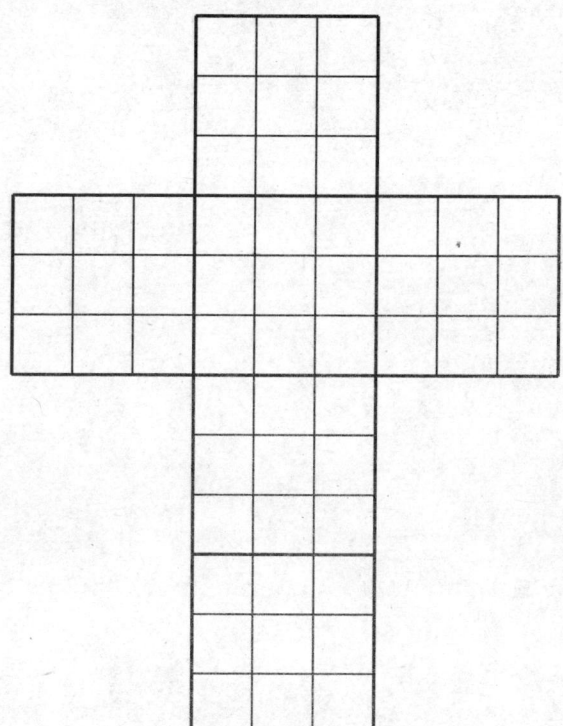

智晶面

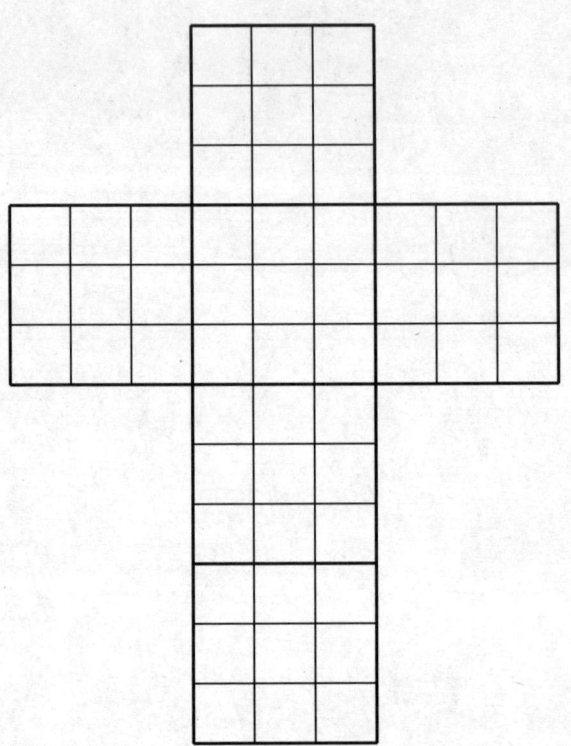

智晶面

智晶面

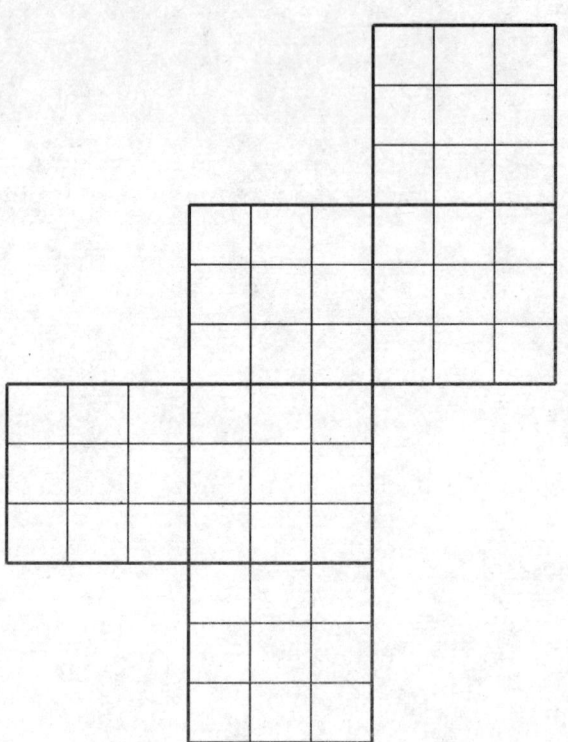

智晶面

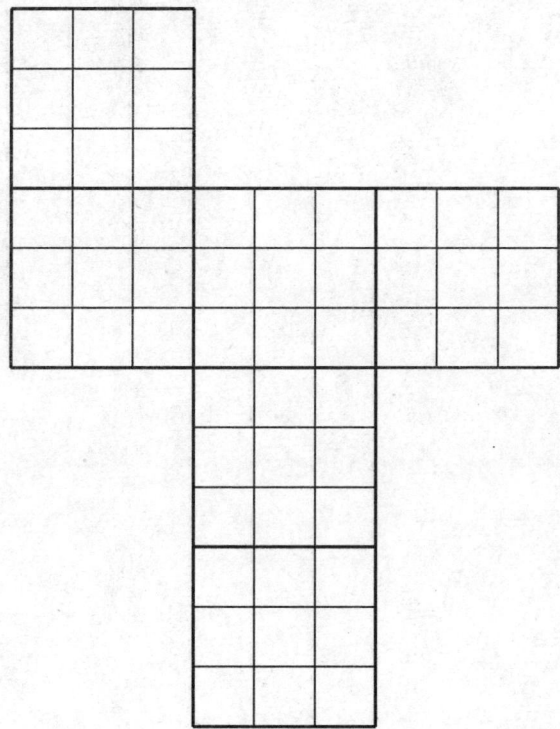

智晶面

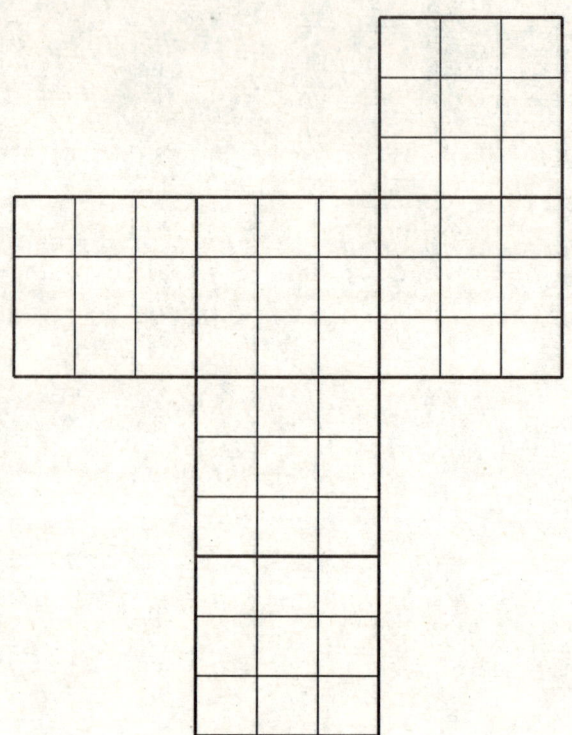

智晶面

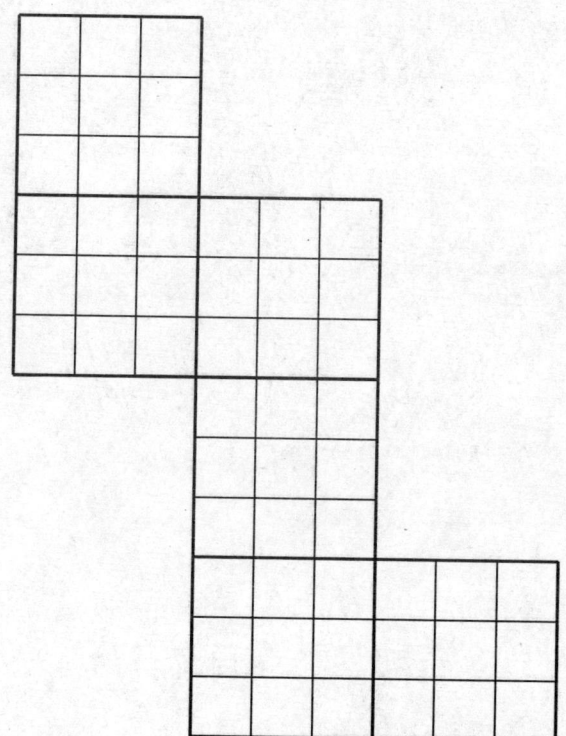

智晶面

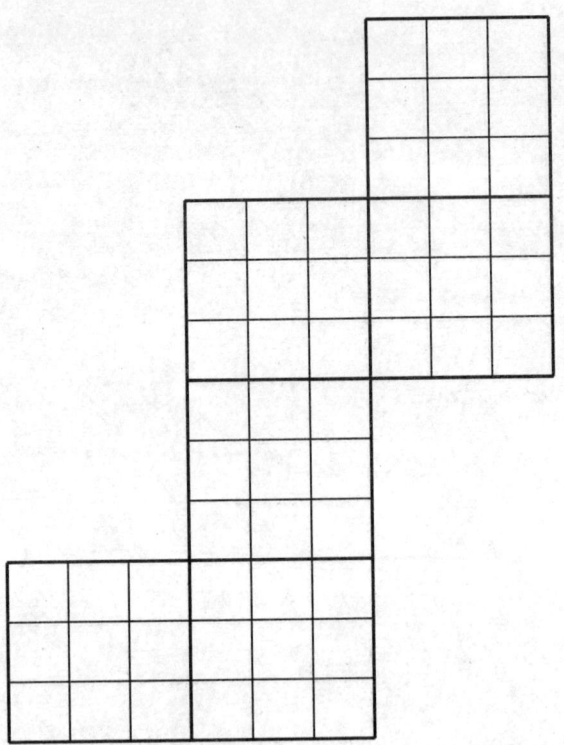

智晶面

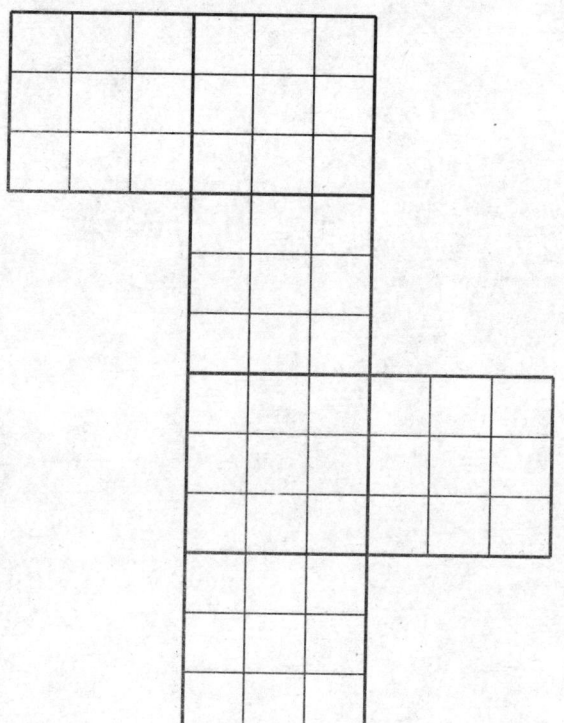

智晶面

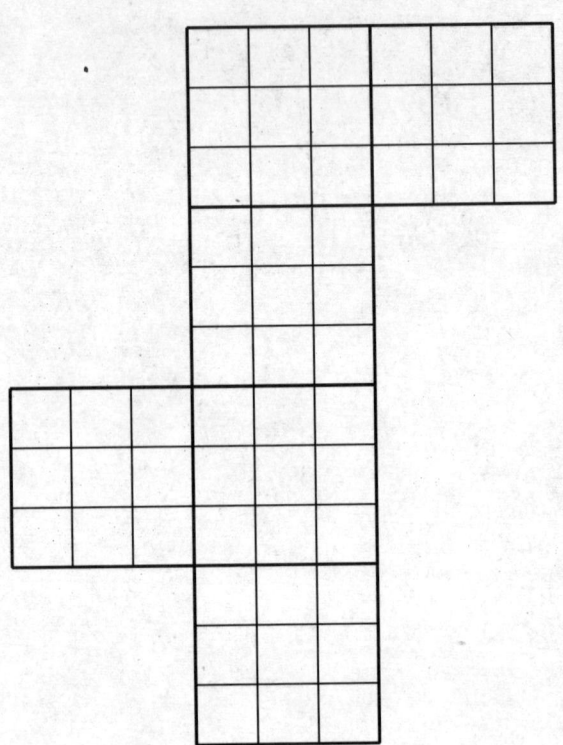

智晶面

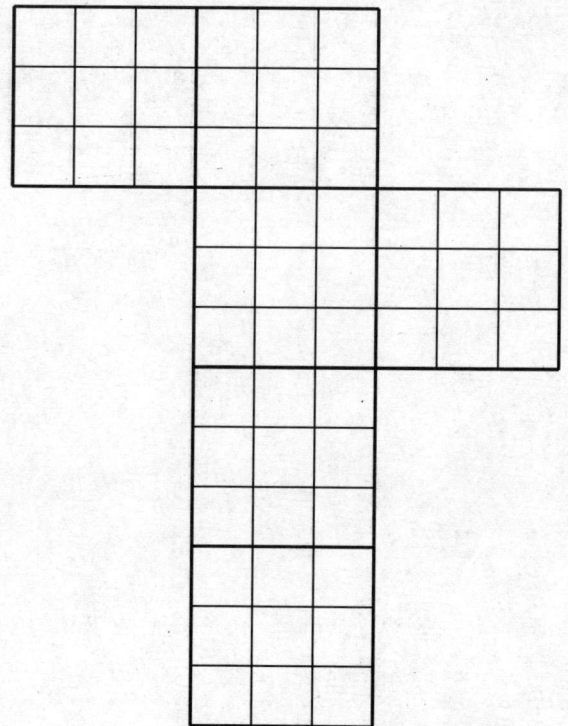

智晶面

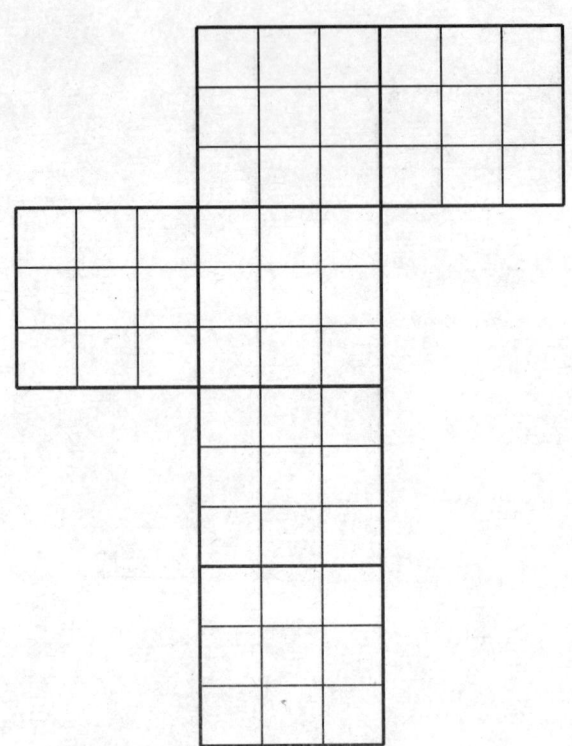

智晶面

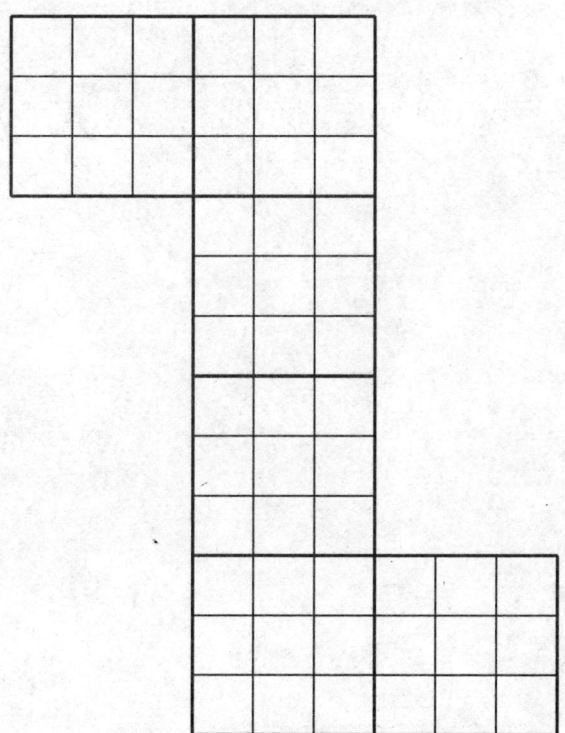

智晶面

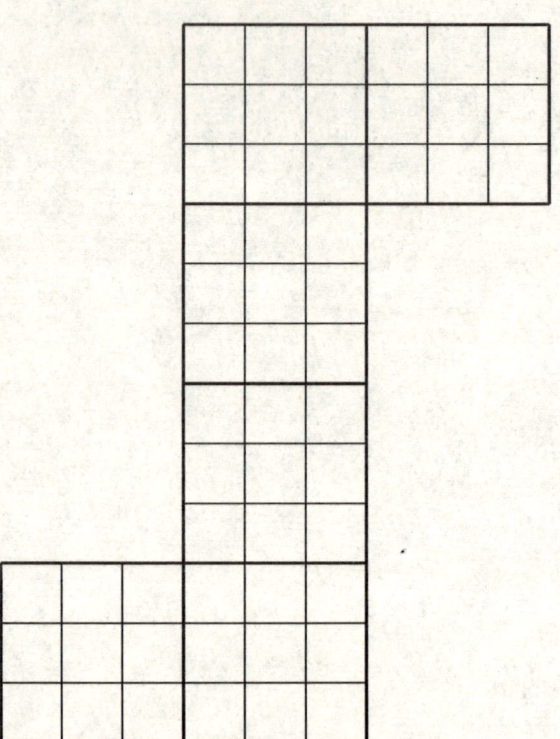

智晶面

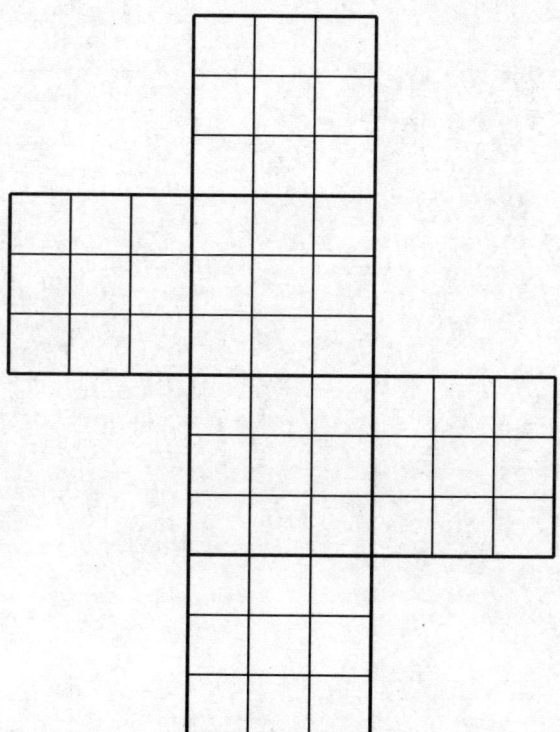

智晶面

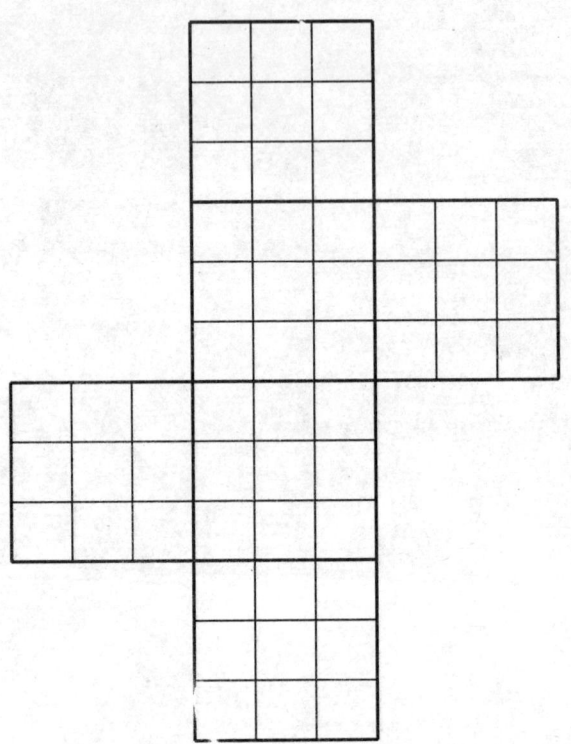

智晶面

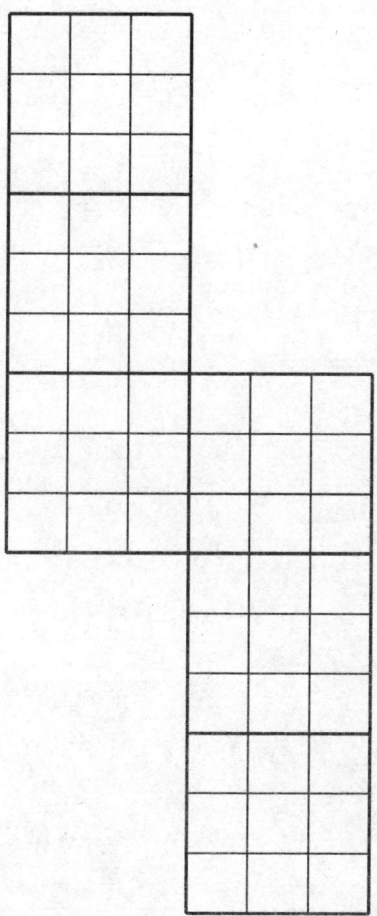

智晶面

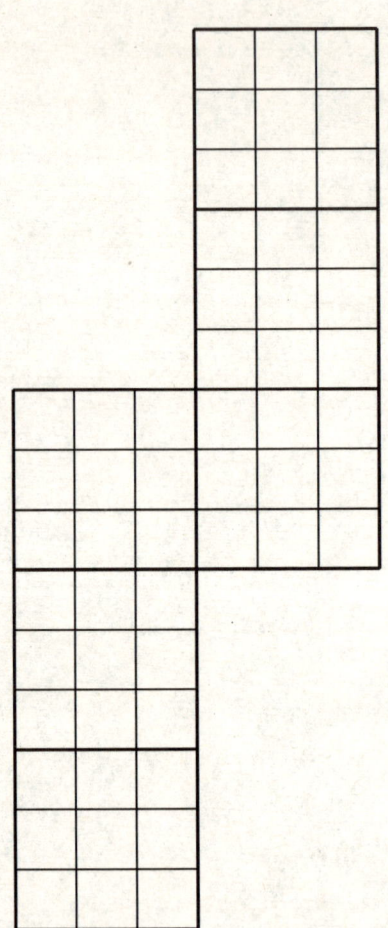

智晶面

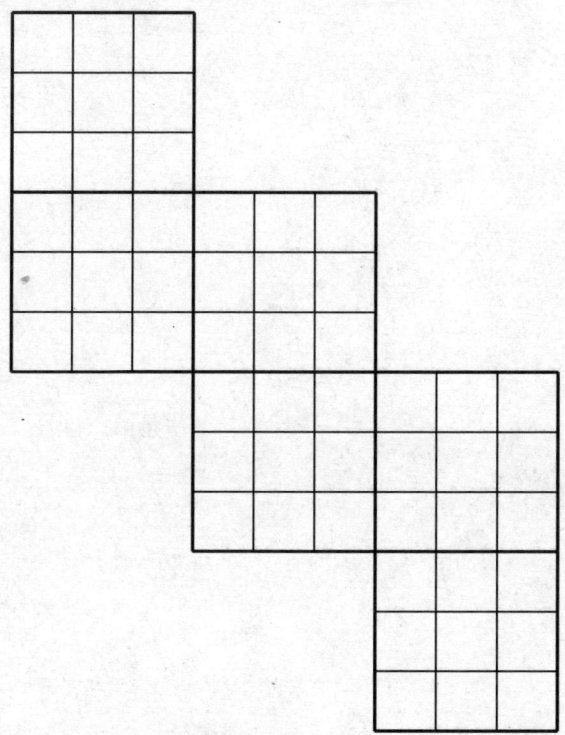

智晶面

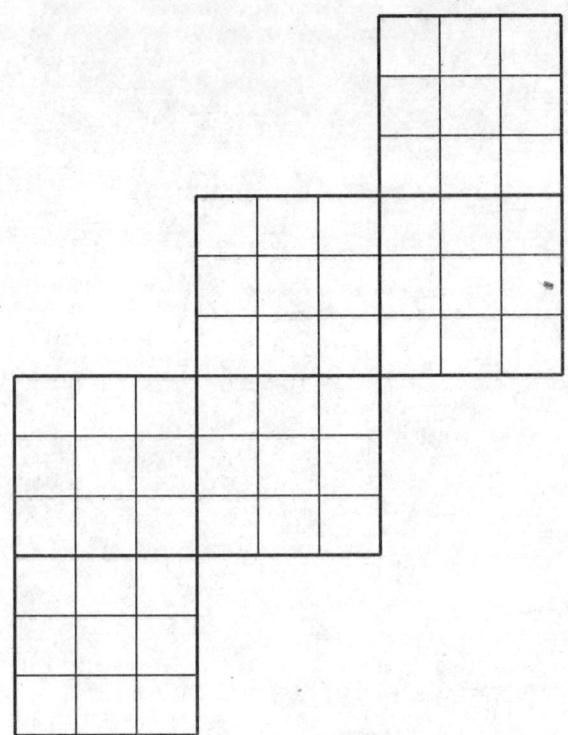

智晶面

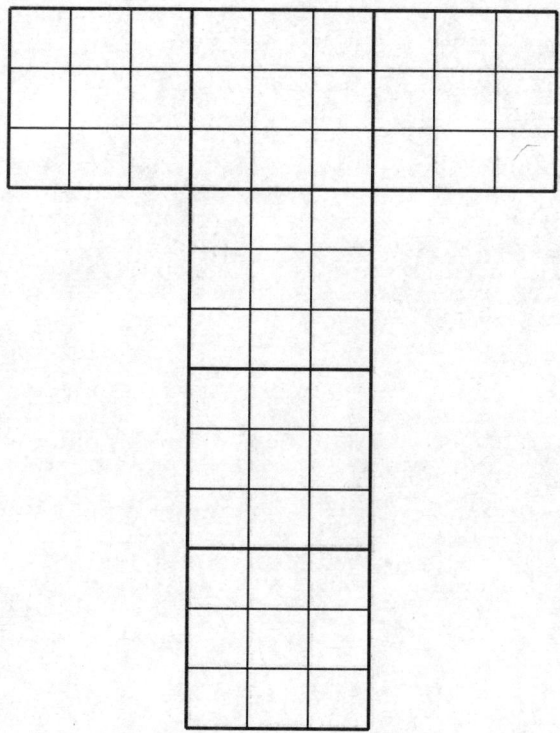

智晶面

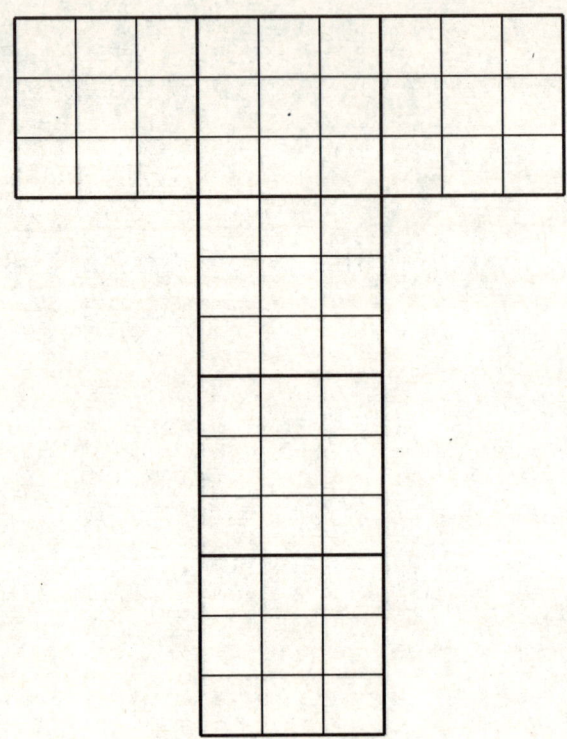